I0559796

сокровища тьмы

Том I

«Хроники провидца» Джозеф К. Стерджен 2-й

Опубликовано издательством Seraph Creative

Сокровища тьмы

Том I

«Хроники провидца» Джозеф К. Стерджен 2-й

Опубликовано издательством Seraph Creative в 2015 г.

США/Великобритания/Южная Африка/Австралия www.seraphcreative.org

Набор и верстка макета - агентство Feline

www.felinegraphics.com

Перевод текста книги - Павел Лыков - pavel@lykov.online

Редактура русского текста - Светлана Сазонова - neustroevasvet@mail.ru

Посвящение

Посвящаю эту книгу тем прекрасным святым, неизвестным на земле, но известным всем небесам, чья жизнь проходит в неизмеримой силе и близости их «тайной комнаты» с Господом.

Содержание

И отдам тебе хранимые во тьме сокровища и сокрытые богатства, дабы ты познал, что Я Господь, называющий тебя по имени, Бог Израилев.

- Ис. 45:3

Вступление

В этой книге я расскажу вам, что у меня на сердце. Множество людей по всему миру сегодня переживают то, что когда-то пережил Енох. В прошлом за довольно короткий период своего служения я не раз слышал фразу «ходить с Богом, как Енох». Сегодня Бог меняет все настолько мощно и стремительно, что для многих выражение «ходить с Богом, как ходил Енох» стало обычным переживанием.

Я верю, что Тело Христово скоро настолько сблизится со Христом, что в предложении «ходил с Богом как...» можно будет вставить любое имя.

Естественно, это не повод гордиться или хвалиться собой, так как во всех этих переменах проявляется славное действие Отца, которого Он Сам сильно желает. Бог желает сближения со Своим народом настолько, что пока мы не в состоянии до конца это понять. Ему нужен человек, который будет не только ходить с Ним, но и стоять в Истине.

Эта книга, конечно же, не Писание (Библейский канон завершен), но в ней сохранены все библейские принципы и откровения. Вы почерпнете новое понимание о Царстве Божьем, о Слове Божьем и о сердце Богочеловека Иисуса. Хочу ОСОБЕННО подчеркнуть мысль о том, что все записанное мною в этой книге является лишь частью «полноты».

Молюсь, чтобы все полученные откровения вознесли читателя на высший уровень близости с истиной Отца, Иисуса Христа и драгоценного Святого Духа.

Ни в коем случае не превозношу себя. Получая все эти откровения, я понял, что на самом деле еще ничего не знаю.

Книга эта родилась из моего видения хождения с Богом, в основу легли записи многих и многих видений.

Не все сказанное в ней нужно принимать буквально. Так как в этих **посланиях** будет много символики, рекомендую тем, кто склонен вгрызаться в детали, не увлекаться этим. Въедливому читателю не стоит сердиться на мой совет, дабы не упустить Духа и главной сути послания, которое желает передать Бог.

Видения были получены и записаны посредством благодати, их

значение чаще всего приходило ко мне сразу же. Бывало и так, что Господь открывал их понимание постепенно, спустя какое-то время.

На самом деле легче всего, прочитав чье-то видение, просто согласиться с ним на уровне ума, но этого недостаточно, так как при таком отношении можно упустить то откровение, которое предназначено именно вам.

Призываю вас продолжать искать Господа, если что-либо из этой книги оказалось для вас непонятным. Если вы не поняли написанное, просите у Господа личного откровения и продолжайте ее чтение.

Мудрость заключается в том, чтобы отложить непонятное на потом и просто верить, что придет время, когда Господь откроет вам истину. Я усвоил на собственном горьком опыте, что если я чего-то не понимаю, это вовсе не значит, что услышанное мною - неправда, или основано не на библейском Писании.

Одна из важнейших целей этой книги рассказать о том, что я увидел и о чем говорил со мной Бог, не разбавляя сказанное своим мнением. Я не говорю, что совсем не стану высказывать его, но отдавать приоритет Божьему слову — это мое искреннее желание, и я сделаю все возможное для осуществления этой цели. Да будет так!

Я хотел бы, чтобы через мое послание вам открылась ценность хождения с Богом, не исключая вашего собственного опыта общения с Ним и исследования Библии.

Сам Господь Иисус поручил мне написать эту книгу и дал ее видение.

Как-то я сидел рядом с одним Божьим человеком. Он посмотрел прямо на меня и сказал: «Джозеф, к тебе несутся грузовые составы книг, которые тебе предстоит написать. Будь готов!»

Я шел домой в ожидании Бога, а вечером Господь Иисус пришел ко мне в видении, дал золотую ручку и сказал: «Пиши!»

Записать все видения одновременно было простым и бесконечно сложным заданием. Первое, что я сделал, сел за компьютер и начал ожидать Господа, и так на эту книгу у меня ушло четыре года. А теперь каждый раз, когда я вновь сажусь за компьютер, видение начинается там, где оно закончилось.

Многие из тех видений, которые давал мне Господь, представляли собой открытое действие, отображающееся как на панорамном киноэкране. Другие же полностью погружали мое сознание внутрь происходящего. Затрудняюсь сказать, был ли я в тот момент в теле или вне тела. Однако несмотря на такую вовлеченность, внутри меня оставалось четкое понимание, что видение закончится, и я непременно окажусь за своим письменным столом, чтобы по окончании записать увиденное — я называю его интерактивным. Были и такие, которые мысленным взором перемещали меня туда, где я никогда не бывал в физическом теле.

Видения начинались по-разному. Иногда как только я садился в кресло. В других случаях прежде, чем получить что-либо, приходилось часами ждать Господа. Это смущало, и вначале мне было очень трудно прийти в состояние покоя. Между видениями могло пройти несколько месяцев, а сами они длились от пяти до двадцати минут. Наконец я понял, что нужно уметь сосредотачиваться на них.

Позже период между видениями уменьшился до нескольких недель, а их продолжительность увеличилась. Теперь они могли приходить каждую ночь и длиться от двух до шести часов. Когда я научился фокусировать внимание на них , чтобы четко видеть в духе, пришла особая благодать для завершения этого труда.

Хочу добавить, что нам всем просто необходимо научиться довольствоваться Богом, чтобы ничто, кроме Его присутствия, не могло нас удовлетворять. Поступая так, мы начинаем наполняться Любовью, а Любовь — самая мощная сила во Вселенной!

В мире так много больших служителей с неразрешенными проблемами сердца, которые не понимают всего величия Любви Отца, так сильно возлюбившего нас. Утверждая это, я признаю, что и сам не достиг совершенства. Уверен, что лишь постоянное пребывание в присутствии Бога позволит произвести духовную операцию с нашими сердцами, и только тогда мы начнем видеть в духе все лучше и лучше. Путь к открытию нашего духовного зрения — в умении ожидать Его.

Название книги — «Сокровища тьмы» взято из монолога Господа, обращенного к царю Киру, который описан в 45-й главе книги Исаии.

Однажды вечером, когда я пребывал в ожидании Господа, я увидел Иисуса с золотой ветвью в руке. Он нес ее Отцу, чтобы принести благоугодную жертву. На ветви было написано слово «Остаток». Когда Иисус шел, я увидел некое действие — Он с сокрушительной силой вогнал ветвь в землю так, что Земля начала раскалываться, и появились огромные зрелые разноцветные дубы. Я сразу понял, что это «дубы праведности». На них было выгравировано имя — Кир. Кир был языческим царем, которого Господь использовал для спасения Иуды.

Я верю, что Господь собирается помазать группу людей под названием «Остаток», как Он сделал это во времена Кира, и дать им все, что Он однажды обещал в 45 главе Исаии. Этот остаток возьмет на себя ответственность за укрытие и защиту еврейского народа по всему миру во время великого гонения.

Дубы представляют собой те «насаждения праведности», которые скоро поднимутся и принесут исцеление народам. Они восстановят их разбитые сердца и отстроят заброшенные города по всему миру.

Любовь, с которой эти «дубы праведности» будут действовать, беспрецедентна. В сочетании с откровением о Сыновстве именно Любовь позволит им сотворить «дела больше сих». Остаток будет ветвью или продолжением Древа Жизни, которым является Сам Иисус. Эти явленные «Сыны Царства» будут теми, кто победит последнего врага — смерть.

Киру было обещано, что Бог даст ему «сокровища тьмы» и «сокрытые богатства».

Именно мы ДОЛЖНЫ извлечь эти сокрытые во тьме сокровища и богатства. Многие из них уже извлечены, они доступны нам из Его руки ПРЯМО СЕЙЧАС, другие же Бог хранит для поколения последних времен. Я убежден, что это поколение уже пришло на землю.

Мы живем в начальный период последних дней. Все эти сокровища будут буквально пропитаны судьбой Прорыва.

Надеюсь, и эта книга содержит откровения, которые для многих станут источником обретения «сокрытых сокровищ и богатств».

Итак, молюсь о том, чтобы моя книга послужила для вас катализатором отношений с Богом. Ее цель — привести вас к такому сближению с Господом, до которого можно дойти только рука об руку с Ним.

Я молюсь, чтобы через каждую ее строку лично вам от меня и от Господа передавалась реальность пережитого. Я молюсь также, чтобы представленная здесь Истина уничтожила все, что стоит на пути к вашему сближению с Богом. Пусть озарения от Святого Духа приведут вас к состоянию жажды откровений и перемен. Желаю, чтобы эти откровения и любовь побудили вас делать только то, что говорит Господь, и жить в соответствие с ВЕЛИЧИЕМ призвания вашей жизни.

Я молюсь, чтобы вы постоянно были в состоянии Невесты приготовленной и чтобы Сыны Царства наконец могли проявляться в силе.

Молюсь также, чтобы вы УВИДЕЛИ все то богатство, которое для вас есть у Бога, и начали видеть себя такими, какими Он видит вас.

Я предвижу ПРОРЫВ и объявляю, что он уже пришел в вашу жизнь, а все, что стоит на его пути, да будет убрано и удалено!

Я восклицаю: «БЛАГОДАТЬ! БЛАГОДАТЬ на этом ПРОРЫВЕ и на всем, что встретится на пути продвижения в Господе!»

Господи, молюсь во имя Иисуса — открой глаза наших сердец и вторгнись в нашу жизнь Своей Любовью!

Пусть *Твоя* Любовь и *Твоя* Истина нисходят на нас как освежающий дождь! Да будет так!

Первопроходцы

Глава 1

«Первопроходцы»

Когда я слышу слово «первопроходец», смотрю на тех, кого так называли, у меня возникает определенный образ.

Первопроходец — человек, которому Бог первому доверил что-то действительно необыкновенное. Затем в его жизни, как правило, происходит одно из трех событий: он либо правильно распоряжается полученным от Бога откровением, либо расточает доверенное на личные выгоды, либо же остается жить в своем откровении, отказавшись следовать за Ним дальше.

Да будем же мы верными распорядителями того, что дал нам Бог, будем возрастать в управлении Землей, все больше осознавая, кто мы есть, и что было сказано Отцом о нас прежде основания мира!

Сегодня на Земле живет множество людей, которых можно назвать первопроходцами, большинство предпочитает оставаться незаметными, если у них нет данной Богом платформы для работы в группе с другими людьми. На мой взгляд, подавляющее большинство из них и правда неизвестны на Земле, но известны на Небесах. Все они — известные и неизвестные — отвечают за управление Землей с Небес.

Первопроходцы непосредственно участвуют в установлении времени совершения важнейших Божьих событий, а также границ и параметров того, что на Земле было искажено. Такого рода власть приходит только после принятия на себя определенных обязательств и ответственности.

Быть первопроходцем — это высокая привилегия, которую можно получить только через достижение близости с Богом.

Скоро настанет такое время, когда некоторые члены Тела Христова перейдут к действиям в той области, где они были первопроходцами.

Зрелые Сыновья Земли! Настало время для вас приступить к Отцовству и управлению Землей, чтобы все люди могли войти в полноту свидетельства Слова, произнесенного прежде основания мира.

Как это было со мной

Глава 2

«Как это было со мной»

В начале книги я хочу дать читателю краткое представление о моем прошлом и о том, как я смог написать эту книгу.

Когда мне было шесть лет, я начал видеть демонов. Они все время пытались убить меня. Я никому не говорил об этом, просто просил родителей не выключать свет на ночь, объясняя это тем, что боюсь темноты.

Я принял Иисуса своим Спасителем, когда мне было семь лет. И даже несколько лет спустя я все еще был напуган бесами, но моя способность видеть духовный мир отключилась совсем.

В старших классах я был неплохим спортсменом, подавал надежды в нескольких видах спорта, но так и не сделал спортивную карьеру. Это произошло из-за незаживающих ран сердца. Какое-то время в колледже я еще продолжал играть в гольф и участвовал в забегах на скорость, но мое сердце все еще оставалось неисцеленным. Такое состояние приводило меня к принятию неверных решений, в результате которых я всякий раз попадал в ужасные ситуации.

Однажды вечером в самый пик событий, произошедших от неправильных решений, я разговорился с личностью, которая, как я узнал тогда, был Святой Дух.

Внезапно Небеса разверзлись и слышимым голосом, гремящим из Вечности, мне было сказано: «Джозеф, я знаю Путь, по которому ты идешь». Этот голос вызвал небольшое землетрясение, и я мгновенно получил крещение Святым Духом.

Тогда мои глаза вновь открылись для духовного мира демонов.

Одно дело, если бы я мог видеть их повсюду, но это было далеко не так, потому что я видел абсолютно ясно именно тех, которые делали несчастной мою жизнь. Я отчетливо видел их в своей комнате, они вели себя по-идиотски и пытались причинить мне боль.

Это происходило до тех пор, пока я не разобрался со всеми соглашениями и заветами, которые заключал с ними каждый вечер, ложась спать.

Спустя несколько лет хоть я и разделался с теми демонами в моей жизни, которых знал, но неожиданно начал видеть демонов рядом с другими людьми. Пришло время, когда я стал отчетливо видеть такое их количество, что единственно правильным решением было научиться их не замечать.

В то же самое время я начал видеть лучи света. Сначала они просто пролетали через поле моего зрения, но со временем после того, как я определил для себя их значимость, они превратились в световые формы, похожие на ангелов. Это было началом знакомства с «хорошими парнями» духовного мира, и это меня сильно зацепило.

Я начал исследовать Слово, искать ответы на вопросы — как глубже переживать встречи с ними, как встречаться с другими представителями неба . Я дошел до 14-й главы Евангелия от Иоанна, где Иисус обещает, что явит Себя нам. Я схватился за это обетование и принял его, убежденный, что Бог непременно исполнит Свое слово.

Год спустя я поклонялся у себя в комнате, и вдруг увидел, как Иисус Христос вошел через стену, сказав мне: «Тебе была дарована благодать видеть в Духе яснее, чем ты можешь видеть так называемый физический мир».

Именно тогда мои глаза открылись на духовный мир немного больше, но с того самого вечера по сей день я все еще возрастаю в благодати этого видения.

Большинство встреч с Иисусом происходило в моей комнате, реже — в других местах. Однажды Он пришел ко мне и сказал, что отныне приходить сюда, как прежде, Он не будет — это скучно и предложил мне, если я желаю встречаться с Ним чаще, самому научиться посещать Небеса.

Так в процессе написания этой книги я учился взаимодействию с Небесами, несмотря на то, что все видения, которые описаны в ней были получены до этих событий.

Чтобы пережить множество подобных небесных встреч, призываю вас использовать мой опыт, подключая свое собственное воображение. Взаимодействие с Небесами — удел всех Сыновей и Дочерей Божьих.

Настоящая трагедия считать, что встречи на небесах предназначены только для провидцев. Каждый из нас просто обязан однажды начать, а потом постоянно возрастать в этом деле.

Почему бы не начать сейчас?

Я молюсь, чтобы нижеследующий рассказ о моих небесных видениях вдохновил вас и укрепил веру в возможности ваших собственных приключений с Богом.

Меч

Глава 3

«Меч»

Я стоял над облаками в окне, которое глядело на Небеса. Прямо за мной был мир, откуда я родом. Это было окно из Откр. 4:1.

Оно было из древесины акации, покрыто прозрачным лаком и источало сильный аромат. Я увидел на боковых частях оконной рамы резные рельефы девяти плодов Духа. Яркий свет исходил от них. Сверху на раме помещался резной символ — Любовь, внизу — Радость, справа — Мир, слева — Долготерпение. Остальные плоды Духа были вырезаны на других частях рамы.

Выглянув в окно, я увидел идущего ко мне Господа Иисуса. Он нес белую ткань, похожую на атлас, напоминающую одеяние, на котором были написаны имена Семи Духов Бога.

 Начертание каждого имени имело свой цвет, соответствующий цветам радуги. Их имена были: Дух Премудрости, Дух Откровения, Дух Совета, Дух Могущества, Дух Ведения, Дух Страха Господня и Дух Господень.

Господь Иисус снял с меня грязную одежду и вместо нее надел то самое одеяние. Оно было похоже на мантию, источающую дыхание великой любви, и я понял, что она живая.

Я вошел в окно, и первое, что сделал — подошел к огромному дереву. Это было древо Мудрости и Глубины. Выглядело оно величественным, ветвистым, с широким стволом, который был украшен узорами крепких сплетенных ветвей, раскинувшихся по сторонам кроны огромных размеров. Крепость ветвям придавало утолщенное надежное основание.

Прямо в ствол дерева была врезана дверь коричневого цвета. Она была сделана из цельного куска древесной плиты, высота которой около семи футов   (2,13 м – прим. пер.), ширина три фута (0,91 м – прим. пер.), а толщина три дюйма (7,62 см – прим. пер.). На двери красовалась старомодная чугунная защёлка очень простая в конструкции.

Мне не терпелось увидеть, что находится за дверью, я подошел к ней и прежде, чем открыть, еще раз бросил взгляд на крону дерева и был поражен неожиданностью увиденного . На всех его ветвях я разглядел живые лица людей.

Это были святые древних времен, которые устояли в Мудрости. Несмотря на все бури и невзгоды, они твердо держались Мудрости Божьей. Я начал рассматривать лица и вдруг увидел одно, которое казалось мне давно знакомым. Это было лицо известного евангелиста 50-х годов XX века, который служил людям даром исцеления.

Он сказал мне: «Мудрость эта объемлет все. Иди же, брат мой, и исследуй глубины Духа Премудрости. Будь силен и очень мужествен, потому что Господь предопределил твой Путь. Ничего не бойся и будь тверд в Господе и силе могущества Его». Эти слова были настолько сильными, что меня тут же охватил страх Господень.

С восхищением, уважением и благоговейным страхом я открыл дверь и вошел внутрь дерева. Как только закрыл ее за собой, тут же оказался в зале черном, как сама ночь. Я все же продолжал идти, прося Господа, чтобы Его свет воссиял в этом месте, и чтобы он освещал мой путь.

После молитвы ярко сияющий ангел появился справа от меня и пошел рядом со мной. У него были волнистые волосы цвета грецкого ореха до плеч. Одет он был в простую белую мантию из того же атласного материала, что и у меня, с золотым поясом на талии, красиво драпирующим ткань от плеч.

Когда слава, нисходящая от ангела, полностью осветила это темное место так, что весь зал погрузился в нее, я всюду увидел демонов и каких-то жутких темных существ. Они выглядели как животные разных видов, а некоторые были как мутанты, полученные от их скрещивания.

Увидев ангела, они испугались, но не только его, но и меня. Как только мы проходили мимо , они тут же разбегались по дальним углам потолка и пола.

По мере нашего дальнейшего продвижения я видел впереди все больше препятствий, которые нам предстояло преодолеть.

Нас ждали пропасти, зияющие в полу шириной более шести футов (1,83 м – прим. пер.), одолеть которые можно было только сделав несколько длинных прыжков. Нас ожидали также бесконечно глубокие и трудные подъемы по каменным стенам высотой более тридцати футов (9,14 м – прим. пер.).

Все самое трудное было еще впереди.

Когда мы приблизились к первому препятствию, я начал нервничать. «Как же нам с ним справиться?» — подумал я. Зная мои мысли, ангел ответил: «Не бойся, Господь с тобой». А я сетовал в ответ: «Легко ему говорить такое, как будто он не видит, что перед нами!»

Я заметил, что ангел не обращал на препятствия никакого внимания, а его удивленная улыбка отображала вопрос — почему же *мне* так нелегко?

Когда мы приблизились к пропасти и я уже готов был сделать свой длинный прыжок, ангел взял меня за руку и уже через мгновение мы оказались на другой стороне пропасти. Казалось, будто и нет никаких препятствий.

Понимание того, что в этом путешествии Бог будет делать великие дела, поднимало во мне веру. Постепенно укреплялась и возрастала надежда на то, что я увижу сбывшимся всё задуманное Им.

Продвигаясь вперед вместе с ангелом, мы подошли к концу зала к плоской каменной стене. Там находился вход в форме идеально вырубленного прямоугольника. Через мощные скальные породы он вел в следующее помещение. Как только мы подошли к дверному проему, свет ангела осветил соседний зал. Зал оказался очень большим, он был сделан из песчаника. Его размеры составляли около пятидесяти футбольных полей в длину (около 5000 метров) и около десяти футбольных полей в ширину (около 500 метров).

Через дверь мы прошли к каменному выступу шириной около тридцати ярдов (около 27 метров) и длиной около двадцати пяти футов (около 8 метров). Посреди выступа был проход, который вел прямо в центр зала. Проход был шириной шесть футов (1,83 м – прим. пер.), а по обеим его сторонам была бездонная пропасть.

Сам проход также был сделан из песчаника и насчитывал тысячи и тысячи ступеней вверх. Каждая ступенька была около 2 футов (0,61 м – прим. пер.) в длину, а в высоту они едва заметно поднимались друг над другом. Наверху этой лестницы ровно в центре зала стояла платформа, на которой лежал меч. Он находился выше меня на пятьдесят футов (15,24 м – прим. пер.) по отношению к выступу, на котором я стоял.

Как же я смог увидеть его на таком расстоянии? Меч ярко сиял бело-серебристым светом в кромешной тьме. Это привлекло мое внимание, и я понял, что он был здесь когда-то сокрыт.

Я спросил ангела взволнованно: «Что это такое?» Он ответил: «Это Меч Истины».

Я взбирался по лестнице со все увеличивающимся внутри волнением, чтобы рассмотреть этот меч. Как мне показалось, на нем была какая-то надпись. Его золотая рукоятка сияла тремя инкрустированными камнями, на самом верху которой разместился первый камень — рубин, чуть ниже — хрусталь, и далее — изумруд. Камни были размером с серебряный доллар (26,5 мм в диаметре - прим. пер.).

На прямой гарде меча я разглядел надпись «Мой Иисус — Царь царей». Подняв меч, я обнаружил, что он довольно тяжелый. Меч издавал постоянный мощный звук, частота которого была достаточно высокой. Звук был довольно громким, однако не «бил по ушам», скорее был даже приятен всему моему существу и приносил мир и покой, наполняя великой силой. Я схватил меч, и электрический заряд пронзил мое тело.

Рядом на земле лежали ножны. Они были сделаны из кожи обычного коричневого цвета. Я поднял ножны, пристегнул их к поясу и вложил в них меч, ощущая огромную радость от обладания Мечом Истины.

Подняв глаза, я заметил еще одну лестницу, которая опускалась чуть глубже той, по которой я вошел сюда. Ее ступени находились по другую сторону платформы и вели далеко в темноту, где я больше ничего не видел. Святой страх и благоговейная смелость охватили меня, когда я осознал, что выйти отсюда прежним путем уже не получится. Я знал, что должен буду пойти вниз. Предчувствуя *запах* великих испытаний и невзгод, лежащих передо мной, я начал ощущать опасность тьмы, а также славу Господа.

Во время размышлений о последних событиях — опасностях, тьме, мече и ножнах — я вдруг сзади себя ощутил прикосновение руки. Она казалась раз в десять больше моей собственной. Понимая, что надо двигаться вперед, я оглянулся в поисках ангела, но его нигде не было.

Меч Истины хоть и был в ножнах, источал яркий Свет, достаточный для того, чтобы освещать путь.

Я заметил также, когда Меч Истины оказался в моих руках, мой внутренний свет каким бы тусклым он ни был поначалу, постепенно становился все ярче и ярче. И в тот же момент я понял, что рука на моей спине была рукой Господа.

Несмотря на это я все же был расстроен. Боязнь темноты и неизвестность того, с чем я столкнусь в предстоящем путешествии угнетали меня. Это состояние все более усугублялось тем, что все складывалось не так, как я хотел. И тут раздался голос Господа: «Иди, Я буду с тобой».

Я искренне не понимал, почему я должен идти именно этим путем, однако внутри знал, что должен.

Прежде чем пойти дальше, я признался Господу: «Боже, я расстроен. Я не понимаю, почему я должен идти по этому Пути. У меня есть Меч Истины. Да, он тяжелый и неудобный! И вообще я потерялся здесь, но я чувствую Твое присутствие и Твою славу. Еще я чувствую где-то внутри и даже знаю, что все, что ждет меня на пути, вряд ли примет меня с распростертыми объятиями.

Господи, я люблю Тебя и доверяю Тебе. Прости мне мои сомнения и неверие и помоги мне обратить мое внимание и мои мысли на Тебя.

Я все-таки пойду, облаченный в эту мантию, вооруженный мечом, и Твоя воля будет исполнена!

Спасибо за Твою благодать, спасибо за Меч Истины! Я знаю, Ты будешь прославлен на этом пути! Господи, открой мне Твою мудрость и глубину. Еще раз благодарю, Господь, я люблю Тебя».

После того, как я помолился, мир сошел на меня, и когда это произошло, ангел, который был со мной раньше, снова появился и сказал: «Ты не видишь меня, но знай, что я и многие другие, кто сильнее меня, стоим станом вокруг тебя. Когда мы тебе понадобимся, мы будем рядом».

Мое разочарование ушло, я повернулся и пошел по проходу, ведущему на противоположную сторону платформы. Я ощущал внутренний мир. Как прежде от меча исходил яркий свет и пока еще тусклый от меня.

Когда я наблюдал за происходящим, имя одного из семи духов на моей мантии воспламенилось огнем. Это был Дух Откровения. Он разгорался и я услышал голос, говорящий мне: «Джозеф, в твоем духовном человеке и твоей душе заложена твоя совесть. Совесть, которую Я дал тебе, руководствуется стандартами небес. Она приведет тебя к Истине, потому что она не может лгать.

Некоторые из моего народа отделили себя от своей совести, и это соединение разорвалось или затуманилось. Вместо того, чтобы слушать Меня и то, что Я уже дал им, они слушают другое — философию, учения, преподаваемые демонами, а иногда идут на поводу неосвещенных эмоций и своей плоти.

Продолжая свой путь, прислушивайся к своей совести. Она поведет тебя в верном направлении, подскажет, где ты ошибся. Покайся, прости себя и следуй дальше. Чем чувствительнее ты будешь к совести, тем больше будешь видеть Меня. Блаженны чистые сердцем! Джозеф, Я жажду людей, которые честны со Мной, но прежде, чем они смогут стать такими, они должны быть честны сами с собой».

Улыбаясь во весь рот, исполненный радости, я спускался по второй лестнице.

Щит

Глава 4

«Щит»

Я спустился по лестнице и дошел до конца широкого проема, к которому она вела. Это был вход в совершенно иной мир, в котором повсюду были красивые деревья.

Все деревья выглядели очень большими и крепкими, мощными и одновременно нежными. Это были дубы. Они вызывали ощущение жизни и будто улыбались мне. Проходя мимо, я испытывал огромную радость. Между каждым деревом было достаточно места, чтобы они могли свободно расти.

Стволы дубов у основания были окружены ковром темно-зеленой травы, огромные стебли которой достигали размеров шесть дюймов (15 см – прим. пер.) в высоту. По земле среди этой травы петляла дорожка, по которой я шел. Вскоре она свернула направо, оставив слева пейзаж с дубами. Справа же от меня оказалась глубокая пропасть, она была шириной около пятидесяти футов (15,24 м – прим. пер.) и простиралась вдаль до самой бесконечности.

Я прошел к пропасти и пнул в нее камень, оказавшийся под моими ногами. Он ударился о противоположную сторону прочной скалистой породы и скрылся из виду. Эта пропасть была проклятым местом, полным тьмы и отчаяния.

Продолжая идти вдоль пропасти, я увидел дерево как будто специально распростершееся от одного ее края до другого. Оглянувшись назад, я понял, что возможности вернуться нет, потому что того места, откуда я пришел, уже не было видно.

По-видимому, мне предстояло перейти пропасть, и другого пути как по дереву я не находил. Подойдя к нему ближе, я почувствовал внутреннее побуждение сделать это любой ценой. Как я понял, это был голос моей совести. Однако побуждение ушло так же быстро, как и возникло.

Густой туман надвигался с запада, все сильнее заполняя это место. Он был настолько плотным, что ничего не было видно дальше пяти футов (1,5 м – прим. пер.) от меня.

Я подошел к дереву, ведущему через пропасть и увидел, что перед ним стоит человек. Он был ростом около пяти футов шести дюймов (1 м 68 см – прим. пер.), непривлекательный внешне, он казался мне хорошим человеком.

Он сказал: «Джозеф, сам Господь послал меня сказать тебе, чтобы ты не переходил пропасть по этому дереву. Все, кто попытался это сделать, потерпели неудачу и погибли. Как ты уже почувствовал, в пропасти, находится великое зло. Ты же слишком важен для Бога, чтобы совершить эту ошибку. Останься здесь и жди. Если останешься и не пойдешь, Господь даст тебе лучший способ пересечь пропасть».

Незнакомец был любезен, казалось, искренне заинтересован в моем успехе, и смог убедить меня в том, что Сам Господь послал его.

Его аргументы стали большим плюсом, чтобы я принял решение не торопиться и подумать об этом. Я отошел от дерева и ненадолго сел на землю. Из-за тумана она оказалась сырой и холодной. «Было бы неплохо подождать, — размышлял я, — пока туман рассеется», и тут же почувствовал, насколько эта прогулка утомила меня и как я рад отдохнуть.

Спустя час ожидания туман усилился до такой степени, что уже нельзя было разглядеть руку перед своим лицом. Я думал: «Как же хорошо, что именно сейчас не нужно лезть на дерево, ведь у Господа для меня должен быть лучший путь, и я его дождусь».

Прошло примерно три часа, когда я начал обдумывать то, что произошло в течение сегодняшнего дня. Первое, что всплыло в памяти — ангел и Меч Истины, который я повесил на свой ремень.

Это были действительно великие моменты с Господом. Я знал, что запомню их навсегда, особенно тот, когда глас Господень говорил о моей совести, и что именно она приведет меня к Истине.

Внезапно на меня нахлынуло чувство, которое я испытал, подходя к дереву в первый раз. Я вспомнил то свое состояние, которое было наполнено уверенностью, что пропасть необходимо преодолеть именно по нему. Это воспоминание на мгновенье заставило меня усомниться в правильности моего последнего решения — неужели я прислушался ко лжи?

Подумав, что мне делать дальше, я встал и в тот же миг видимым образом явился ангел, который и раньше шел со мной рядом. Когда он проявился, туман в диаметре пяти футов (1,52 м – прим. пер.) вокруг меня начал рассеиваться. Ангел сказал мне: «Джозеф, почему ты усомнился?»

Я ответил ему: «О чем ты? Я не сомневался».

Следующую фразу он произнес тоном, в котором чувствовалось отвращение к этому ответу: «Что тебе велел голос Духа Святого?»

Я ответил: «Он сказал мне слушаться совести».

«Так выполняй же это!» — сказал ангел.

«Но около дерева стоял посланник, который сказал мне ждать», — защищался я.

Он вздохнул про себя и сказал: «Ты помнишь, как нашел Меч Истины? Вынь его из ножен и посмотри на него».

Я тут же вытащил меч из ножен, но он уже не сиял, как раньше.

Предвидя мой вопрос, ангел сказал: «Он перестал сиять, потому что ты был слеп к Истине и поверил лжи!»

«Направь меч на вестника!» — твердо проговорив последнюю фразу, ангел исчез.

Я развернулся, чтобы пройти назад к дереву. Туман рассеивался все больше, а побуждение остаться здесь и ждать иного пути стало громче подавать свои сигналы. На этот раз они были настолько сильными, что сформировали свой собственный голос, заглушая голос моей совести, который продолжал настаивать: «Иди через пропасть!». Пока звучал голос моей совести, имя Духа Ведения, написанное на моей мантии, воспламенилось ярким светом.

И тут Святой Дух сказал мне: «Джозеф, это же голос посланника сатаны! Направь на него меч, и ты увидишь, какой он есть на самом деле. Когда разглядишь его в подлинном свете, повели ему властью, которую Я дал тебе, уйти прочь! И только тогда ты сможешь перейти пропасть».

Я смело подошел к посланнику, и тут же он поднялся в гневе, заявив гортанным тоном: «Куда это ты вздумал идти!? Ты много о себе возомнил, тебе не перейти эту пропасть, я тебе не позволю!»

Как только он закончил говорить, я направил на него Меч Истины, светящийся и сияющий сильнее, чем когда-либо раньше, и утвердительно сказал: «Ты, мерзкий демон, сам Бог провозгласил, что я должен перейти пропасть. Я повелеваю тебе уйти!»

Исходящие от меча лучи света и мои слова так повлияли на его тело, что оно начало менять форму. Из обычного человека, каким он выглядел раньше, он стал иметь вид сморщенного старика. Спина его сгорбилась, кожа высохла, субстанция того, что от него осталось, стала гротескно колючей, не соответствующей человеческому образу. Когда он скрючился, встав на четвереньки, формы его тела стали напоминать деформированную гиену. А затем он просто исчез — только что был тут — и нет его.

После этого эпизода моя мантия перестала светиться, но меч, продолжая источать белый ярко-серебристый свет, начал издавать прежний звук. Я решил, что отныне не буду возвращать его в ножны.

На пути перехода через пропасть по тому самому дереву я ощущал зловоние смерти. Этот запах был настолько отвратительным, что его попросту не с чем было сравнить. Пока я пересекал пропасть, холодное гнетущее чувство поднималось внутри меня. Казалось, эта пропасть ведет в сам Шеол (царство мертвых в иудаизме – прим. пер.), что у меня не осталось ни единого желания спуститься вниз и проверить, так ли это.

Наконец я перешел на другую сторону и увидел, что меня уже ждут четыре ангела. Казалось, я вижу их впервые. Ангелы стояли в шеренгу, плечом к плечу.

Первый стоял слева от меня и был ростом около шести футов (1,83 м – прим. пер.), с длинными волосами до плеч, одетый в белую мантию, похожую на мою, за исключением отсутствующих на ней начертаний семи духов Божьих.

Второй ангел держал в руках чашу и был одет в красную мантию. У него были светло-коричневые короткие волосы, как у современного мужчины.

Третий ангел, по виду самый могущественный из них, одетый в ярко-синюю мантию, излучал больше света, чем остальные. Глаза его были яркими, пронзительно голубыми, взгляд пронизывающий насквозь все, на что он смотрел. Казалось, он внимательно следил за тем, что происходило вокруг. Я узнал в нем того самого ангела, который шел со мной раньше. Несмотря на внешний вид, среди всех других ангелов он все же был наименьшим.

Самый главный из них посмотрел на меня и сказал с почтением: «Сэр, на Вашем пути — великие жемчужины премудрости и сокровищ. На нем мы будем оберегать Вас от того, что Вам пока не требуется знать. Мы настолько любим Вас, что для нас большая радость сопровождать Вас в этом путешествии.

Вы приняли верное решение не вкладывать свой меч в ножны и однажды обретете великую мудрость в самом мече *и* в словах, что на нем написаны. Продолжайте путь.

Сейчас мы должны уйти, но у нас есть послание для Вас от самого Командующего нашей армией.

Внезапно я увидел, как сквозь большего рангом ангела прошел меньший рангом ангел, произнеся: «МИР ДА БУДЕТ ТЕБЕ!» Когда звучали эти слова, все ангелы вынули мечи и свет, исходящий от них пронзил всё окружающее нас пространство. В этот же момент один из ангелов, в руках которого была чаша, выплеснул из нее на меня воду так, что я промок насквозь. Тело мое настолько преисполнилось одновременно миром и страхом, что я упал сначала на колени, а потом и на землю будто замертво.

Имена Духа Ведения и Страха Господня, написанные на моей мантии, загорелись яркой славой, свет был такой силы , его было так невыносимо много, что я умолял Господа погасить его. Ангелы исчезли, а я пролежал там, полностью неподвижный, осененный миром и Духом Страха Господня, казалось, несколько дней.

Наконец я встал, чтобы идти дальше. Было ощущение, что с моих глаз спала завеса. Теперь я четко видел обе стороны пропасти, на каждой из них росли деревья, и они выглядели еще красивее, чем прежде. Трава на земле казалась насыщенного ярко-зеленого цвета, какого я никогда не видел раньше. Я стал различать детали цветов и оттенков повсюду, где раньше просто не замечал их.

Это место было поистине величественным, и внутренний мир, который я испытывал сейчас, только способствовал наслаждению от путешествия.

Я начал размышлять о том, насколько глупо поступил в начале, и насколько велика благодать Божья, которая помогла мне выйти из опасной ситуации с гиеной.

Я чувствовал, что мне нужно помолиться: «Боже, ОГРОМНОЕ ТЕБЕ СПАСИБО. Да, в один момент я потерял уверенность , но ты УДИВИТЕЛЬНЫЙ! Прости, что я начал беспокоиться и сомневаться! Больше такое не повторится! Спасибо Тебе огромное за этот мир и эту благодать! Я люблю Тебя».

Я пошел дальше по тропинке и увидел вдалеке огромный сундук, расположенный на земле между двумя величественными деревьями. Сундук был сделан из чистого золота, инкрустирован зелеными, синими и красными камнями. Камни были огромными, почти с мою ладонь. По внешнему виду он напоминал сундук с сокровищами, был украшен замысловатым узором по всей поверхности.

Я подошел поближе и внимательно посмотрел на гравировку, разглядев там сюжеты, связанные со мной. На внешней стороне сундука были выгравированы еще два сюжета.

На том, что с левой стороны — моя первая встреча с ангелом и то, как я беру Меч Истины. Каждая линия рисунка внушала трепет и удивление. Рассматривая сюжет дальше, я увидел, что сзади меня стоит ангел. Удивительно, но я действительно не заметил его присутствия тогда, когда наяву стоял под дубом и рассматривал меч. На гравюре же можно было прочесть даже детали — как ангел смотрел на небо и какое у него яркое сияющее лицо. Пришло осознание, что он был со мной рядом в тот решающий момент, хоть я его и не видел.

Второй сюжет был изображен с правой стороны сундука и повествовал о том, как я приказываю посланнику сатаны убраться с дороги. Ракурс моего тела был таким, что можно было увидеть, что находится впереди и позади меня. Разглядывая композицию дальше, я обнаружил, что за моей спиной изображены четыре могущественных ангела, это были те, которые приветствовали меня по ту сторону пропасти. По сюжету их мечи также были направлены на посланника.

Эта деталь указывала на то, что ангелы и в данной истории помогали мне, а я об этом и понятия не имел. Они и их мечи изображались изливающими на все окружение огромный поток света, который я позже видел на другой стороне пропасти — тогда я не осознавал и не воспринимал этого.

Объятый святым страхом и трепетом от увиденного, движимый любопытством, я решил открыть сундук и скорее увидеть, что находится внутри. Заглянув внутрь , я обнаружил щит. Его вид был тусклым и старым, но несмотря на это, он казался прочным и тяжелым, крепким и несокрушимым. Щит был сделан из армированного золота и сконструирован так, что было удобно носить его в руке или на спине. Форма его напоминала форму гербового щита, посередине которого были написаны слова «Он верен». К моему удивлению, когда я поднял щит из сундука, он оказался очень легким.

Лишь после того, как я взял его в руки и закрыл сундук, я понял, что за мной кто-то следит и наблюдает.

Я прославил Господа за Его дар, и продолжил свой путь с Мечом Истины в руке и Щитом на спине. В процессе движения мое зрение начало быстро улучшаться. В один момент пришла такая острота зрения, что я снова начал различать даже мелкие детали: цвет и изящество тонких линий каждого ростка, насыщенные тона густорастущей травы, покров которой по ощущениям и фактуре напоминал тончайший ковер.

Казалось, во время ходьбы трава сама подталкивала меня вперед. Теперь все стало более легким, и когда я вдыхал этот новый воздух, усталость от моего путешествия тут же исчезала, как от веяния нежного ветерка. Я заметил, что деревья понемногу становились выше, от них прямо ко мне источались невидимые волны мудрости.

Несмотря на окружающую красоту жуткое чувство, что за мной наблюдает нечто злобное, не покидало меня. Я все сильнее ощущал его приближение, всеми фибрами души улавливая его присутствие то сзади, то сбоку. Не имея понятия, что оно собой представляет, я все равно продолжал свой путь.

Издалека я увидел, что деревья стоят теперь ближе друг ко другу. Вокруг них нагнеталась какая-то темнота. Все выглядело довольно мрачно.

Однако здесь же перед деревьями я разглядел множество прекрасных ангелов. Подойдя ближе, я увидел, что они наполнены сияющим светом. Эта были те самые, с которыми я уже встречался однажды. Свет, исходящий от них, казался теперь намного ярче и я понял, что воспринимаю его таким, потому что чуть раньше мои глаза открылись для большего видения.

Один из ангелов сказал: «Мы посланы, чтобы предостеречь тебя и вступить в сражение на твоей стороне. Тебя преследуют страх и сомнения уже долгое время. Но впереди еще множество испытаний. Враг только и ждет подходящего момента, чтобы напасть на тебя. Впереди засада. Но ты обязан двигаться вперед напролом, легкого пути не будет.

Обходных путей на самом деле много, но выход всегда только один! Будь тверд и мужествен, ибо все мы служим Богу воинств.

Не говори ничего, пока не услышишь слово от Бога. Щит, который у тебя есть, обладает огромной силой — он защитит тебя. Меч Господень верен, используй его с дерзновением и силой. На этом этапе пути ты обретешь веру. Прежде чем войти в лес, молись и жди Господа. Он наставит тебя, но ты должен сначала научиться успокаиваться внутри и снаружи». Закончив говорить, ангелы ушли.

Меня же все еще преследовало плохое предчувствие, и стоя перед этим огромным лесом, я продолжал молиться, ожидая Господа.

Молиться для меня не казалось трудным, но вот ожидать Господа — я даже не вспомнил бы, что раньше когда-либо мог это делать. Я всегда был уверен, что это Он ждет нас и искренне думал, что ждать Господа вообще возможно.

Казалось, прошло несколько часов, пока я размышлял о том, что значит ждать Бога Вселенной. Душа моя, чрезвычайно разочарованная, пребывала в недоумении.

Мне всегда говорили, что это Он ждет меня! Больше того, я был уверен, что это пустая трата времени — Его и моего — стоять тут еще и размышлять об этом.

Измученный и расстроенный, я сел, чтобы помолиться. Внутри же я знал, что должен молиться и ждать Бога во что бы то ни стало.

Я был настолько невнимателен, растерян и расстроен, что даже не мог начать молиться. Тут-то все и началось! Меня осенило:

первое, что мне нужно сделать — это покаяться и избавиться от разочарования, рассеянности и путаницы в голове, чтобы начать слышать, слушать и молиться.

После этого откровения с востока подул легкий ветерок. Он был приятным и действовал успокаивающе как прикосновение матери ко лбу ребенка. Я тут же собрал все свое внимание и устремил его к Богу. Как только слова вышли из моих уст, нежный и спокойный голос Святого Духа сказал: «Пребудь в мире». От этих простых слов весь негатив, который я ощущал, вдруг спал с меня, будто осенний лист, падающий с дуба. В этот момент я понял, что имели в виду ветхозаветные священники, когда говорили: «Благ Господь, и милость Его пребывает вовек». Мир, которым наполнил меня Господь, был продолжением Его благодати и милости, а также Его благости.

Когда я склонился в поклонении, из меня спонтанно начали исходить слова: «Отче, как я люблю Тебя! Я люблю Тебя, я люблю Тебя, я люблю Тебя! Твоя любовь, Господи, глубже любого океана, выше любой горы и сильнее крепости! Она нежна, как голубь. Славно Твое величие и имя Твое свято. Спасибо!»

Я провел в поклонении Богу много часов, и после этого я ощутил внутри себя тишину, которая заполонила мой ум, волю и эмоции. Я просто довольствовался тишиной и наслаждался присутствием Божьим. Ни одна потребность или желание во всем мире не казались мне более важными, чем просто пребывать в этом. Его присутствие постепенно усиливалось. Слезы текли из моих глаз водопадом. Я такого никогда не переживал. Все мое существо пребывало в мире и покое. Умолкнув в присутствии Всемогущего, я испытывал лишь одно желание — не делать ничего другого, как только быть с Ним. Тогда-то я понял, что это и есть ожидание Бога и именно так я угождаю Ему.

Продолжая плакать в Его присутствии, я почувствовал, что ко мне кто-то идет. Слышались легкие приближающиеся шаги. Я колебался, стоит ли мне смотреть, но внутри появилась уверенность — пока я жив, я никогда не пожалею, что посмотрел. Великий мир обрушился на меня, и, подняв голову, я увидел Его.

Облаченный в Свет, Любовь и Славу, Господь Иисус Христос стоял передо мной. Он был ростом около пяти футов десяти дюймов (около 178 см – прим. пер.), с румяными щеками, загорелой кожей и глубокими голубыми глазами. Он улыбался, как мог улыбаться только Спаситель. Мое сердце забилось так часто, что казалось, будто оно сейчас выпрыгнет. Он посмотрел на меня с огромной нежностью, состраданием и бесконечной решимостью во взгляде. Он сказал: «Джозеф, мой друг, я очень доволен. Ты дойдешь до конца леса, и Я теперь пойду вместе с тобой».

Когда Иисус говорил, я уже видел в духе, как выхожу с той стороны леса. Я был вне себя от радости —Иисус только что назвал меня Своим другом! Тот, кем я восторгаюсь, назвал меня Своим другом! При этом я чувствовал себя бесконечно малым и недостойным. Кто я такой, чтобы Он назвал меня Своим другом? Лишь несколько часов назад я был расстроен, смущен, далек от Его присутствия, а теперь Он называет меня Своим другом!

Прочитав мои мысли, Иисус сказал: «Джозеф, Я знаю мотивы и желания твоего сердца. На нем написано: «Друг Божий». Ты пришелся Мне по сердцу. Ты восторгаешься Отцом. Он Сам вкладывает в тебя желания. Ты был послушен и начал заботиться о том, что нужно Мне. Я люблю тебя! Тебе нужно понять, что Я хочу быть в твоем присутствии больше, чем ты в Моем».

Его слова прозвучали с огромной любовью. Теперь я лучше понимал Псалом 138. Иисус посмотрел на меня и сказал: «Пока отдыхай, путь впереди будет долгим, а временами очень трудным.

Хочу кое-что показать тебе, перед тем как ты отправишься в лес. Но сейчас пребудь в мире и отдохни».

Довольный тем, что больше ничего не надо делать, я лег и уснул.

На следующее утро я легко проснулся раньше, чем обычно. Хорошо отдохнув, я ожидал чего-то важного от Бога, предвкушая, что мне вот-вот откроются великие тайны. Это действительно было очень важно для меня, и я сразу начал благодарить Отца за все чудеса, которые Он сотворил.

Во время благодарения я заметил, что имена Духов Премудрости и Разумения на моем одеянии зажглись и стали излучать яркий свет. Взглянув перед собой, я увидел идущего ко мне Иисуса. Он широко улыбнулся, а потом сказал: «Твои духовные глаза открылись, и теперь ты сможешь видеть Меня. Посредством совместной работы Духа Премудрости и Духа Разумения ты увидишь Меня таким, какой Я есть».

Иисус продолжил: «У нас сегодня будет тяжелый день, Джозеф, и Я хочу показать тебе что-то интересное. Впереди лежит долгий и трудный путь. То, что ты увидишь, в дальнейшем поможет тебе пройти его». Затем Он протянул руку и сказал: «Пойдем со мной». Когда я протянул свою руку в ответ и схватился за Его руку, мы тут же оказались в другом месте. Оно походило на Небеса, но все-таки мы оказались где-то в космическом пространстве, где я раньше точно никогда не бывал.

Я увидел человека, охваченного пламенем. У него были огненные глаза и длинные белые волосы. Сам человек не состоял из пламени, но языки пламени исходили из него и окружали его настолько сильно, что сложно было разглядеть, где он, а где огонь Божий.

Иисус стоял рядом с дверью, она была широко распахнута. Я спросил Иисуса, что это за дверь, и Он ответил: «Эта дверь ведет к действию Моей силы, а человек в огне — это ты». Он говорил, и передо мной всплыло место из Писания в Ефесянах 3:7-12:

«Которого служителем сделался я по дару благодати Божией, данной мне действием силы Его. Мне, наименьшему из всех святых, дана благодать сия — благовествовать язычникам неисследимое богатство Христово и открыть всем, в чём состоит домостроительство тайны, сокрывавшейся от вечности в Боге, создавшем всё Иисусом Христом, дабы ныне соделалась известною через Церковь начальствам и властям на небесах многоразличная премудрость Божия, по предвечному определению, которое Он исполнил во Христе Иисусе, Господе нашем, в Котором мы имеем дерзновение и надёжный доступ через веру в Него».

И тогда я спросил Иисуса, что мне нужно сделать, чтобы войти в эту дверь. Он сказал: «Заходи!» Когда Он проговорил, я подумал, что было бы хорошо войти туда вместе с Ним — где Его сила и присутствие неизмеримо возрастают. Для этого мне потребуются три вещи — благодать, вера и доверие Ему.

Я знал, что не могу встать на путь веры до тех пор, пока моя совесть осуждает меня. Если она все еще продолжает судить меня, то, конечно, я не смогу быть полностью уверенным в Нем. Еще я знал, что Благодать действует по Вере, а Вера действует Любовью.

Понимание происходящего начало наполнять меня как река. Я увидел цель действия Его силы, которая состояла в том, чтобы ОТКРЫВАТЬ всем людям, в чем состоит тайный замысел (домостроительство тайны в Синод. пер. - прим. пер.). Тайна, от начала сокрытая у Бога, открылась нам через Христа, чтобы войти и жить в ней.

Внезапно во мне поднялось великое смирение. Я пришел к выводу, что Иисус только что сказал мне, что я могу войти в такие отношения с Богом, которые будут действительно развиваться и постоянно наполняться взаимным общением. Сказав мне: «Заходи!» одним Своим словом Рема он передал мне все, что мне было необходимо для входа. Одновременно с этим я получил осуществление веры, откровение о Любви и Благодать для совершения этого действия. Он НА САМОМ ДЕЛЕ верен!

Я склонился для поклонения Царю Царей — Иисусу Христу, а на Его лице я прочел серьезную решимость. Он сказал: «После входа в эту дверь ты должен быть очень осторожен. Я многое тебе доверил. Слова твои и мысли возрастут в силе и власти, если ты не откажешься от ответственности за все, что находится за этой дверью. В ходе путешествия ты увидишь, как твои мысли и слова все больше и больше будут проявлять себя. Помышляй о горнем и всегда выполняй то, что сказал».

После этого видение исчезло, и я вернулся на край леса, завороженно глядя в глаза моего благородного Спасителя. Иисус все еще был со мной и смотрел мне в глаза. Его взгляд наполнял меня невыразимым покоем. Глядя на Него, я осознавал, что мне предстоит принять большую ответственность за осуществление великих задач. В моей жизни было всего три важных вещи, которые помогли мне, когда я начал ходить с Богом:

- слышать голос Божий,

- повиноваться голосу Божьему,

- и наслаждаться Его присутствием.

Получив откровение о любви, послушании и пребывании в общении с Иисусом, я быстро встал. Вокруг полились птичьи трели, и полуденное солнце согревало всю округу. Иисус все еще стоял передо мной, а позади меня оставалась страшная тьма, идущая из леса. Иисус посмотрел на меня и сказал: «Я приготовил кое-что для моих святых. Хочу тебе это показать, и хочу, чтобы ты им рассказал об этом». Он поманил меня, чтобы я отошел чуть дальше от леса и подошел к Нему, а когда я приблизился, Он попросил снова посмотреть в Его глаза. Я выполнил Его желание, и мы тут же оказались где-то в другом месте.

Теперь мы стояли возле воды, текущей от небольшого водопада. Течение потока под ним было неторопливым. Под нашими ногами оказался скальный массив, а в стороне — огромный луг. Я осознавал, что этот поток в какой-то момент соединится с рекой жизни, текущей от Божьего престола. Небо и облака казались наполненными Его славой. Слева от меня в небе был тот самый портал, через который мы прошли, чтобы добраться сюда. Он был окружен могущественными ангелами, и весь был наполнен Божьей славой. Они крепко держались за руки, не пропуская через портал тех, кто был не согласен с Богом и Его намерениями.

Вдоволь насмотревшись на эту картину, я взглянул на Господа. «Ложись на камни», — сказал Он. Когда я лег, я понял, что это необычные камни. Они оказались удобнее любой кровати, на которой я когда-либо спал. Трепет охватил меня, такое никогда не могло бы прийти мне в голову. Я взглянул на Иисуса, а Он сказал: «Круто, да?» И продолжил: «Это — место под Сенью Моего Покоя. Сюда может прийти каждый, кто называется Моим именем. Здесь находится Мир, Покой, который превыше всякого разумения, его можно пережить только сердцем. Это место Я храню для тех, кого возлюбил. В грядущие времена многие войдут сюда и насладятся Моим Миром. Это просто необходимо, если ты хочешь выполнить свое призвание. Это место тайное, приходи сюда всякий раз, когда захочешь. А теперь пойдем, я покажу тебе кое-что еще».

Мы вошли в поток водопада, и воды его разделились. Я увидел открывшийся проход. Над проходом стояла арка, и после того, как мы прошли через нее, я разглядел ее свод. Стоя под аркой, можно было прочитать слово, написанное на камне — «Совершенство».

На каждой ступеньке, ведущей наверх, были написаны слова. Всего их было тринадцать. Слова шли в следующем порядке: «Покаяние», «Вера», «Крещение», «Возложение рук», «Воскресение из мертвых», «Вечный суд», «Дух Господень», «Дух Премудрости»,

«Дух Откровения», «Дух Совета», «Дух Крепости», «Дух Ведения». Последней ступенькой был «Дух Страха Господня».

Когда мы поднялись на вершину лестницы, я оглянулся и увидел, что на арке написано одно только слово: «Любовь». Это была лестница Любви. Взглянув с ее вершины, я понял, что нахожусь на высокой горе. С горы просматривалось все творение: небеса, земля, то, что под землей и даже время. Повсюду были горы, но они были ниже той, на которой я стоял.

Когда я понял значение всех этих образов, радость наполнила меня. Я начал благодарить Отца за Его благость. В это время Иисус сказал: «Джозеф, отсюда можно увидеть все. Ничего не будет сокрыто от глаз твоих ни на небе, ни на земле. Находясь на таких местах, народ мой будет произносить провозглашения, которые потрясут землю. Это место власти, хранимое Мной, и тайное место Моего присутствия. На этом властном месте стоял когда-то Адам. Это место предназначено для поколения тех, кто попадет сюда. Они сделаются совершенными через Мою любовь, и Я смогу доверить им власть и силу. Они нарекутся Сыновьями Царства. Они будут помазаны, наделены судьбой и предназначением, которые видели пророки древности. Джозеф, посмотри вот отсюда, Я хочу тебе что-то показать».

Все это время я слушал Иисуса, не отвлекаясь на происходящее вокруг, смотрел на Него и видел, что Его взгляд был направлен куда-то вдаль. Я повернулся к небесам и земле и вдруг понял, что я наблюдаю то, что происходило давным-давно и казалось мне очень знакомым. Я увидел Иисуса, держащего в руке звезды, и как они формируются и восхваляют Его.

Одним махом Он бросил их во Вселенную, и я увидел, как каждое созвездие было помещено на предназначенное ему место и как потом каждая звезда воздавала Ему славу за это.

Затем я услышал громкий голос и увидел множество людей на краю неба, восклицающих и славящих Бога. Все они, необыкновенно красивые, были наполнены Славой Божьей. Их возгласы были настолько сильными, что потрясали небеса и землю.

Иисус повернулся ко мне и сказал: «Тебе это кажется знакомым, потому что ты был там. На том месте ты был с Сынами Божьими и восклицал и славил Бога за то, что было совершенно. Я знал тебя до того, как ты появился во чреве матери. Именно на том месте ты был помазан, наделен судьбой, получил свидетельство, какой должна быть твоя жизнь. Помни об этом. Ты был помазан силой и славой, облечен в величие. У тебя есть цель, судьба и свидетельство жизни. Сначала ты должен понять свое прошлое, затем кем ты являешься во Мне и для чего ты был создан. Только после этого ты сможешь понять свой путь, Мои планы на тебя, цели и судьбу твоей жизни. Все это записано в свитке твоего сердца».

Мы стояли вместе с Иисусом, Он снова показывал мне и объяснял происходящее. У меня не хватит слов, чтобы описать свой восторг, для этого нужно все осознать.

Иисус повернулся, мы пошли вниз по ступеням и снова оказались на скале.

Смотря на Него, я спросил: «Как же мне объяснить людям маршрут к Месту, где Твой Покой будет осенять их?»

Его лицо изменилось, что стало для меня неожиданной реакцией. Я был застигнут врасплох, Он промолчал, но во взгляде читалось: «Тебе-то это давно должно быть известно, но так и быть, объясню еще раз». Он спокойно сказал: «Джозеф, Царство Божье есть Мир, Радость и Праведность внутри вас. Когда, наконец, Мой народ поймет, что именно такими Я вас вижу, кто они во Мне, чего Я желаю для них и насколько их люблю — тогда они смогут войти под Сень Моего Мира».

На этом видение поблёкло и мы снова оказались у леса. Господь посмотрел на меня и сказал: «Нам надлежит идти дальше прямо сейчас».

Лес

Глава 5

«Лес»

По безоблачному и полностью пробудившемуся ото сна небу я понял, что настал полдень.

Мы с Иисусом пошли к лесу и вдруг заметили некий вход, выстланный деревьями. Он был похож на вход в пещеру. Поодаль мы увидели и другие входы в лес.

Лесная тропа, по которой мы шли, была примерно тридцать футов (9,14 м – прим. пер.) в ширину. На высоте пятнадцать футов (4,57 м – прим. пер.) к ней простирались ветки деревьев.

Верхняя часть входа была покрыта мхом, который, казалось, сам сформировал его. Он покрывал все пространство от одного дерева до другого и имел запах мокрой собаки.

В лесу же ощущалась торжественная тьма, и только местами лучи света будто протискивались откуда-то извне.

Мы пошли дальше, как вдруг увидели, что наша тропа разделилась на пять частей. На каждой из них было начертано название. На тропе прямо передо мной — «Страдание», на двух справа — «Стыд» и «Отвержение», на двух слева — «Похоть» и «Гордость». Я понимал, что все эти тропы связаны между собой, и все они в конечном итоге сойдутся на выходе из леса.

Иисус посмотрел на меня и сказал: «Здесь в лесу ты не всегда будешь видеть Меня, но знай, что Я с тобой. Я уже даровал тебе победу над всем. Все же кое-что тебе придется уяснить на своем опыте. Мудрость нельзя применить без разумения, тебе придется пройти *все* пути, названия которых ты прочел в самом начале.

Путь страдания — самый трудный и самый длинный, но именно его когда-то выбрал Я Сам (см. Евр. 5:8). И этот же путь Я выбрал для тебя».

С этими словами Иисус исчез из виду, и я остался в полной тишине наедине с предстоящим мне путем.

Первая мысль, посетившая меня — выбрать кратчайший путь. В глубине души я все же знал, что это невозможно. Выбирая предстоящие мне пути, я понял, что, если выбрать тропу страданий, я вновь смогу обрести утраченную целостность своей души, и что это единственный путь, идя по которому, я вступлю в прямое противоборство со всеми остальными путями.

Зная и понимая, что в данный момент я особенно нуждаюсь в исцелении, мой выбор идти по этой тропе означал бы не только обретение себя, но и полную уверенность в том, что Господь исцелит определенные грани моего сердца. Хоть я и хорошо знал проблемы собственного сердца, но все же меня больше беспокоило то, что в нем все еще оставались неведомые мне области, нуждающиеся в исцелении. Я осознавал, что мое исцеленное сердце станет возможностью сблизиться с Господом и впредь получать такие откровения, которые без этой близости я не мог бы ни принять, ни понять.

Путь Страданий казался мне бесконечно длинным. Глухая тьма покрывала все вокруг, но именно этот путь, который все же я выбрал, был освещен. Тропа была выложена серебром и свободна от мусора Ее направление время от времени менялось, становясь то зигзагообразным, то петляющим кругами.

Оказавшись на одном из ее витков, я чувствовал, что продолжаю ходить кругами и, остановившись, решил помолиться Господу. В тот момент мне нужна была ясность от Него. Он всегда давал поправки, которые помогали мне сориентироваться на пути.

Прошло еще какое-то время моего хождения кругами, когда голос Святого Духа дал мне пояснение: «Тропа сможет продвинуться дальше в зависимости от того, насколько быстро ты будешь способен меняться. Если не меняться на этом пути, хождение по кругу никогда не прекратится.

Когда ты сам поймешь, что зациклился на одном и том же движении, остановись и спроси Меня, что внутри тебя должно измениться?

Я буду использовать даже гонения, чтобы идолы в твоем сердце, о которых ты не знал, были удалены. Я буду делать это с любовью, чтобы твое сердце очистилось, и ты смог достичь совершенства.

Не ропщи на путь — он ведет тебя к твоей судьбе, это путь верный. Выбор пал именно на этот путь, потому что он идеален для тебя».

Далее Он наставлял меня в том, как противостоять препятствиям, изменить ситуацию и снова продвигаться вперед. И тут тропа перестала петлять и ее направление снова выпрямилось.

Вдали я увидел поляну и подумал, что могу там отдохнуть. По моим ощущениям прошло уже несколько дней в пути, я устал и ослабел.

Остановившись посреди ясной поляны, я заметил, что все окрестности проглядывались здесь довольно хорошо, хотя тьма до конца не отступила, и все еще находилась вокруг меня.

Я присел, чтобы отдохнуть, глубоко вздохнул и тут же отключился.

Сквозь сон я услышал два разных хорошо различимых звука. Некто напевал про себя песенку, которую можно было бы петь ярким весенним днем. Одновременно слышался еще один звук тяжелого глухого тембра, какой могла издавать труба орков из старого романа в жанре фэнтэзи.

Я взглянул с любопытством и увидел красивую женщину, шагающую в моем направлении. В то же время я заметил, как с верхушек деревьев за мной подглядывают чьи-то глаза. Женщина остановилась в нескольких шагах и угрожающе сказала: «Я послана остановить тебя любой ценой. Только попробуй двинуться с этого места, я и мои друзья убьем тебя. Выбирай — либо ты пойдешь любой другой дорогой, либо ты поклонишься и будешь служить мне. Я сделаю тебя царем, приведу тебя в мое царство и в мою спальню».

Запах горящей плоти и серы вдруг наполнил воздух. Женщина оказалась писаной красавицей, каких я не видывал. Но этот тембр никак не соответствовал ее внешнему виду. Когда она говорила, у меня кружилась голова. От сочетания неприятных запахов и звуков меня затошнило. Ее слова черной смолой выходили изо рта и тут же залепляли мои глаза. Это лишало меня зрения, доводя до полной слепоты.

Женщина вновь заговорила. Она начала рассказывать мне обо всех моих прошлых ошибках. Напоминала, как я шел неверными путями и терпел неудачу за неудачей. Снова и снова она указывала на это и утверждала, что таков мой путь — ошибаться и делать неправильный выбор. Слушая ее, мне все больше казалось безнадежным мое будущее .

Описав всю мою несчастную судьбу, она саркастически улыбнулась и рассмеялась мне в лицо. И тут же все ее приспешники, скрывавшиеся в деревьях, издали пронзительный визг победы. Я же сидел там с глазами, обмазанными смолой, окруженный злом негативных выкриков, как вдруг услышал голос позади себя. Он произнес единственное слово: «Праведность».

Я сразу же возложил свои руки на голову и тихо повелел своему уму прекратить негативно думать, путаться мыслями и уйти этому состоянию из моего разума. Продолжая провозглашения с возложенными на голову руками, я вспомнил то самое место, где произошло Осенение Миром и Действенной Работой Божьей Силы, и в тот же час мир Божий наполнил всю мою внутренность.

Святой Дух указал мне: «Повели всей полноте покоя и мира, которые ты оставил в том месте, где не должен был оставлять, и которыми ты не воспользовался, вернуться к тебе».

Смело скомандовав, я ощутил, что мир тут же вернулся ко мне и наполнил таким ярким светом, от которого женщине и ее приспешникам негде стало укрыться.

Смола упала с моих глаз, и мое зрение снова стало острым, как у орла. Я взглянул на женщину и увидел на ее лбу надпись «Иезавель». Она и все ее друзья снова закричали, но это уже не был крик победы. Вскочив на ноги, все отчаянно носились вокруг Иезавели, чтобы спрятаться за нее и занять там свое место, ожидая очередных приказов. Прежде чем я протянул к ней руку и попытался что-то сказать, всё вокруг застыло в безмолвном страхе.

Я чувствовал чье-то присутствие рядом со мной, но понимал, что нельзя даже взглянуть в ту сторону, чтобы понять, кто это. Стоя с вытянутой рукой и глядя на Иезавель, я почувствовал, как чья-то рука легла поверх моей. Я взглянул и увидел — на руке красным цветом написано имя «Илия».

Синхронно в одном порыве мы вместе глубоко вдохнули и выдохнули весь воздух, что был внутри нас в сторону Иезавели и ее приспешников. Они попадали замертво. Победа была нашей! Рука исчезла так же быстро как появилась, и я почувствовал, что присутствие Илии уходит от меня. В этот момент я ощутил такую уверенность и радость, что зарычал как лев: «Слава Тебе, Отче!»

Возвращаясь на тропинку, на этот раз я ощущал себя более уверенным и точно знал, что независимо от того, что окажется на моем пути, благодать для его успешного завершения уже дана. Наполненный силой, я продолжил свой путь.

По пути страданий с вновь обретенной смелостью я уверенно шел вперед, как вдруг заметил целую колонну людей. Они несли таблички с моим именем, на которых было написано «СЖЕЧЬ ЕГО».

Благодарение Богу, что я никого из этих людей не знал, и мой вопрос, почему они хотят это сделать, был вызван лишь искренним непониманием.

Пока они маршировали мимо меня, я укрылся за кустом, чтобы расслышать их разговоры. Они говорили что-то вроде:

«Он сказал вот это, и он сказал вот то».

«Он — лжец».

«Мы не потерпим этой лжи, она портит наших детей».

«Запрещаем ему входить в наш дом».

«Он проповедует людям любовь, но обманывает их, наполняя лишь ложью».

«Он должен сгореть и, если он не остановится, мы его убьем».

В изумлении я понял, что это были люди всех племен и народов, и поношения их направлены не на меня одного, но на всё Тело Христово. Я знал и то, что частично гонения придут от других христиан.

Мое сердце было разбито. Я плакал от боли за себя и за тысячи других людей, включая мою семью и близких, которым придется испытать такое. В этот момент в памяти ожил эпизод, как Господь предупреждал меня о том, что гонения служат для того, чтобы удалить из жизни всё мешающее на пути моего совершенствования.

Рыдая без остановки, я вдруг понял, чтобы идти дальше по выбранному пути, мне придется пройти прямо перед всеми этими людьми, желающими мне смерти.

Я вопросил Господа, что же мне делать? Как только вопрос вышел из моих уст, я ощутил присутствие Иисуса. Он произнес: «Я был рядом все это время. Я есть Любовь.

Для этого испытания ты должен доказать свою любовь. Иди к ним. Люби их. Иди перед ними, пусть плюют на тебя, бросают в тебя всем, что попалось под руку, обвиняют тебя. *Я - твоя защита, тебе ничего другого делать не придется, просто любить их.*

Во-первых, прости их и выпусти на свободу, но знай, что этого не хватит для твоего дальнейшего роста. Ты повторно пройдешь этот круг и вернешься сюда же.

Во-вторых, люби их, и когда действительно полюбишь, вся боль, которую ты сейчас переживаешь и даже ее последствия, исчезнут. Так Я приведу тебя к совершенству в Моей Любви, а Любовь — это закон, по которому действует Мое Царство».

Тогда я поднялся, и пошел прямо к моим обвинителям, но на пути вновь услышал их крик: «Вот он, взять его!»

Там были люди, пришедшие с востока и запада. Те, что пришли с запада, орали и издевались надо мной, им доставляло удовольствие злословить меня и мою семью. А толпа с востока хотела уничтожить меня любым возможным способом. Они начали спорить о том, как лучше всего избавиться от меня. Все обвинители решили, что меня надо привести к их царю (в группе было много разных царей и королей). Сначала они выбрали для этого пятерых самых важных. Наконец, после долгих споров решили, что я предстану перед самым злобным царем.

Его трон находился в другом районе леса. Это был трон Змеиного царя. Сделанный из золота, он стоял на высокой платформе. Подойдя ближе, я увидел, что на его седалище выгравированы змеи, а над спинкой возвышалось изваяние огромного змея. Оно также было сделано из золота и я заметил, как многие ему поклонялись.

Царь сошел со своего трона, держа в руках Священную Библию и направился ко мне. Сначала он обвинял меня в невежестве, потом в обмане и многом другом, и я догадался, кто именно внушил этой огромной толпе моих обвинителей то, за что они рьяно поносили меня.

В этот момент внутри меня поднялась огромной силы Любовь, она смирила меня настолько, что я понял: когда я встречу этих людей, то смогу любить, несмотря на их злобу и обстоятельства, в которые они попали. Такого я еще никогда не переживал! Теперь я точно знал источник клеветы — это Змеиный царь, он потчевал их ложью, хотя у каждого был свободный выбор — принимать ее или нет.

Мне стало ясно, что когда придет время и истинный свет Божий явится им, многие обратятся к праведности и истине. Лучшее, что сейчас я мог сделать — любить их, пока не пришло назначенное время, и держать рот на замке.

Змеиный царь заговорил со мной, прошипев: «Что ты можешь сказать в свое оправдание?» Я не произнес ни слова. Это его расстроило, и он крикнул еще раз: «Что ты можешь сказать в свое оправдание?» Я снова не сказал ничего, зная, что Господь поручил мне ЛЮБИТЬ всех, а мою защиту обеспечит Он сам.

Сгорая от гнева, царь воскликнул: «Чьей властью ты говоришь?» На этот раз Святой Дух тихо шепнул мне на ухо: «Скажи ему правду». Я смиренно ответил: «Это не я, а Христос во мне».

И тут же я снова оказался на тропе перед моими обвинителями, но половина из них исчезла, другая же часть, решив верить Змеиному Царю, осталась здесь. Они как прежде кричали и угрожали мне.

Я понял, что в таких случаях Сам Господь, а иногда вместе со Святым Духом приходят на помощь, чтобы дать верные слова, какие в данной ситуации необходимо сказать. В моем случае вмешались Оба.

Пребывая в Любви, я прошел вперед мимо обвинителей по тропе, которую раньше не видел. Ситуация, казалось, складывалась неплохо. Я четко понял, что пережить все преследования можно только с помощью Любви, в послушании Богу и советам Святого Духа. Однако к следующей сцене я не был готов.

Продолжая следовать по тропинке мимо пикетчиков, я увидел членов моей семьи и нескольких других семей, которые, как я понял, выбрали тот же путь, что мои предыдущие обвинители.

Они сидели на стульях, расставленных полукругом, а посередине стоял пустой стул, который, по моему убеждению, был предназначен для меня. Они хотели «просто поговорить» со мной. Подходя ближе, я уже знал — это будет самое тяжелое испытание.

Сидя в кресле, немного нервничая по поводу предстоящего разговора, один из участников спросил: «А ты не подумал о нас, прежде чем сделать это?»

Другой продолжил: «Зачем ты втянул нас в этот беспорядок?»

Еще один задал укоризненный вопрос: «Кем ты себя возомнил?»

Я почувствовал облегчение, когда четко ответил им: «Я послушен Господу, делаю то, что Он мне говорит».

Один из членов моей семьи забросал меня вопросами: «А что насчет твоих финансов? А насчет репутации? А что насчет нас? Мы тебе чужие? Тебе наплевать на наше благополучие? Ты не хочешь проводить с нами время? Ты действительно веришь тому, что говоришь? Кто ты такой вообще? Что с тобой стало? Ты был совершенно другим, пока мы тебя растили».

И тут вся семья закивала как будто по сигналу.

Я снова заговорил: «Я не буду отвечать на эти вопросы. Единственное, что скажу — я абсолютно уверен, что послушно выполняю то, что мой Отец сказал мне делать. Да, я не совершенен, но я послушен! Я очень люблю всех вас, но буду продолжать выполнять сказанное моим Небесным Отцом. Молюсь, чтобы вы сумели меня понять».

Еще один член семьи «рявкнул» на меня: «Да ты с ума сошел! Все, что с нами произошло — твоя вина! Мы разрываем все отношения с тобой, но если ты вдруг решишь стать тем, кем мы тебя воспитали, можешь вернуться!» С этими словами все присутствующие члены семьи встали, холодно попрощались и ушли.

Я сидел в кресле один, не чувствуя ничего, кроме одиночества, и молился: «Господи, я знал, что путь будет трудным, но чтобы моя семья отреклась от меня? Они насмехаются надо мной, провели допрос и возненавидели за то, что Ты велел мне делать. У меня ничего не осталось, и мне не к кому обратиться, кроме Тебя».

Громко плача, я умолял: «Боже, помоги мне!». Ответа не последовало, слышалось только эхо моих воплей, и темнота вокруг уже поглотила пустые стулья. Я буквально сидел в луже слез и, размышляя о пройденном путешествии, думал о предстоящем впереди. Я вспоминал те великие дела, что совершил в моей жизни Бог, и все остальное время задавался единственным вопросом, действительно ли происходящее стоит того, чтобы отказаться от всего, что так дорого мне? Было ощущение, что я теперь один-одинешенек в этом мире.

Да, я был уверен, что непременно выберусь из леса, но столкнуться с этим чувством вновь не хотел совсем. Я не знал, перенесу ли я такое еще раз. Сидеть рыдать и одновременно пытаться ясно мыслить — все равно, что куда-то плыть в пустыне. Единственное, что в этот момент находилось рядом со мной — Меч Истины и Щит.

Я уже понимал, какими свойствами обладает меч, на что способен щит, но никогда не испытывал их совместного действия. Все еще переживая в слезах и эмоциях, я снял со спины щит и положил его рядом с мечом на землю. Они оба сияли. В разгар произошедшего даже сквозь слезы я все равно мог ясно видеть это.

Взглянув на меч, к своему удивлению, я увидел на нем выгравированные слова из некоторых мест Писания, и вспомнил, что когда первый раз держал его в руке, никаких гравировок еще не было.

Все отрывки Священного Писания были посвящены тому, чему я учился на своем пути. Сейчас они стали понятны мне, открылись гораздо глубже, и я увидел, что могу применять их, пользуясь мечом.

Щит также сиял гораздо ярче по сравнению с тем тусклым светом, который я впервые увидал, вытаскивая его внешне неприглядный из сундука. Теперь я изучал его внимательнее, и, обнаружив несколько вмятин и царапин, в целом остался удовлетворенным его рабочим состоянием.

Выгравированная на нем надпись «Он верен» светилась ярче всего. Я был заинтригован. Положив щит на землю, я вернулся к текстам Писания на мече. Последнее, что было выгравировано — это место из Ефесянам 1:6:

«в похвалу славы благодати Своей, которою Он облагодатствовал (в англ. «принял» - прим. пер.) нас в Возлюбленном».

Святой Дух сказал мне: «Джозеф, возможно, тебя и не примут в твоей земной семье, но ты уже принят в Мою. Моя семья состоит из тех, кто на земле и на небесах исполняет Мою волю. Больше не нужно ожидать принятия или одобрения от своей земной семьи. Тебя уже принимают и любят.

Я ЕСМЬ ЛЮБОВЬ, и никто не может познать Любовь без Меня. Продолжая свой путь, ты узнаешь по их поступкам и с Моей помощью тех, кто любит Отца, и тех, кто не любит Его.

Свою земную семью ты должен полюбить откровением Любви, которое Я даю тебе, но ты должен быть Мне послушен».

Я понял это так: когда те, кто выбрал этот путь, совершают поступки с пониманием и послушанием Богу, их семьи однажды оценят это и тоже начнут верить. В других же семьях возрастет ненависть, и те их члены, кто избегает Света из-за своего же выбора, будут удалены от Его источника еще дальше.

Вновь обретя уверенность, смирение и любовь, я благоговейно продолжил свой путь.

Тьма, окутывающая дорогу, вдруг исчезла, и я понял, что приближаюсь к концу тропы. Предвкушение переполняло меня, и я ускорил шаги к источнику Света. В конце тропы стоял Иисус, кротко улыбаясь. За Ним виднелся крест. Что находилось за крестом, я не видел, но я знал, что вот-вот произойдет что-то невероятное.

Иисус мягко меня обнял и с улыбкой сказал: «Я должен показать тебе кое-что прежде, чем мы продолжим». Он взял меня за руку, и мы перенеслись назад во времени.

Мы шли мимо Масличной горы в Иерусалим. Нас окружала толпа людей, которые кричали: «Осанна, благословен Грядущий во имя Господне!» Я продолжал идти рядом с Иисусом, и Он протянул Свою руку, чтобы взять мою. Когда наши руки соприкоснулись, я спросил: «Господи, куда мы идем?». Он посмотрел на меня торжественно и ответил: «К участию в Моих страданиях».

И тут же у меня в голове пронеслись слова из послания к Филиппийцам 3:7-14:

«Но что для меня было преимуществом, то ради Христа я почёл тщетою. Да и всё почитаю тщетою ради превосходства познания Христа Иисуса, Господа моего: для Него я от всего отказался, и всё почитаю за сор, чтобы приобрести Христа и найтись в Нём не со

своею праведностью, которая от закона, но с тою, которая через веру во Христа, с праведностью от Бога по вере; чтобы познать Его, и силу воскресения Его, и участие в страданиях Его, сообразуясь смерти Его, чтобы достигнуть воскресения мёртвых. Говорю так не потому, чтобы я уже достиг или усовершился; но стремлюсь, не достигну ли и я, как достиг меня Христос Иисус. Братия, я не почитаю себя достигшим; а только, забывая заднее и простираясь вперёд, стремлюсь к цели, к почести вышнего звания Божия во Христе Иисусе».

Мы вернулись обратно так же быстро, как покинули лес. Иисус сказал: «Прежде чем испытать силу Моего воскресения, ты должен пережить участие в Моих страданиях. Потому что они неразрывно связаны между собой. Насколько ты отдал себя послушанию и уже завершенному труду освящения на кресте, настолько ты сможешь жить в Моей силе воскресения и настолько же глубоко ты сможешь переживать Меня.

Вспомни Елисея и Илию. Когда Илия был восхищен на колеснице, его милоть упала на землю. Я предназначил носить ее Елисею, но прежде чем подобрать ее, он должен был сначала разорвать на две части свои одежды.

Поэтому прежде ты должен научиться **подчиняться** Святому Духу и позволить Ему **воспитывать** тебя. Только потом ты сможешь поднимать милоти других, которые Я сам предназначу тебе поднять.

Подобные принципы ты узнал на пути страданий, научившись тому, что сначала нужно измениться самому, лишь потом продвигаться дальше.

Обрати же внимание на то, что сделал Елисей. Он подхватил милоть Илии и, ударив ею по воде, сразу предъявил Мне требование: «Где Бог Илии?»

Запомни! Ты сможешь подбирать другие милоти только в назначенное Мной время, пройдя путь Моих страданий и разорвав свою собственную милоть.

Когда ты сделаешь это, Я не смогу сопротивляться твоей любви ко Мне. Я приду со всеми силами небес и сделаю несравненно больше всего, чего ты просишь, или о чём помышляешь. Тебе придется меняться! Это Я неизменен — вчера, сегодня и вовеки тот же, а *ты нет!»*.

Получив это откровение, я пошел за Иисусом назад ко кресту. По дороге я видел на земле лужи слез. Мне казалось, что я понимаю, откуда они здесь, но Господь, прочитав мои мысли, прервал их, сказав: «Все не так ты представляешь. Да, это слезы печали, но печаль эта не из-за Моей смерти. Я уже воскрес. Это Мои слезы о тех, кто, дойдя до креста, повернулся и пошел обратно в лес. Ты должен пройти на Небеса через крест, который Я выстрадал — к силе Моего воскрешения».

Мы вместе подошли ближе ко кресту и вошли в него. Внутри был зал, сделанный из песчаника — он походил на тот зал, где я нашел меч. В нем не было ничего примечательного, разве что свет проникал сюда через дверь с противоположной от нас стороны. Мы пошли по залу в сторону света, и в центре его внезапно остановились.

Иисус взглянул на меня и сказал: «Здесь Моя благодать. Здесь встречаются Милость и Истина, целуются Праведность и Мир (Пс.84:10). Здесь Я забираю все твои грехи прошлого, настоящего и будущего и больше никогда их не вспоминаю. Отдай их Мне, покайся и двигайся дальше».

Проходя уже по ту сторону креста, я увидел как смесь воды и крови капают с креста. Внезапно она брызнула мне в лицо. И тут же Святой Дух во мне возрадовался великой радостью (см. 1 Ин. 5:6-8).

Стоя спиной ко кресту и глядя вперед, я увидел большое дерево, а за ним Небеса.

Гибралтар

Глава 6

«Гибралтар»

Через крест мы вошли в небеса, и я увидел перед собой огромное древнее дерево. Дерево оказалось около пятнадцати футов (4,57 м – прим. пер.) в диаметре и несколько сотен футов в высоту, ветви его простирались в стороны. Иисус повернулся ко мне и возвестил: «Я хочу открыть тебе некие тайны, которые ты мимоходом когда-то слышал от других людей. Сейчас ты увидишь не все Мое царство, а только то, что Я хочу показать тебе.

Посмотри сейчас в Мои глаза. Постарайся понять, что когда ты смотришь в них, тебе открывается доступ ко всем богатствам твоего наследия вплоть до самых Божьих глубин. Я наполню тебя Духом Премудрости и Откровения, и ты увидишь, какова надежда твоего призвания, и каково действие и величие Моей силы. Дух Премудрости и Откровения научит тебя видеть и понимать это своим умом». (См. Еф. 1:17-19)

Теперь я понял, почему дерево, в которое я вошел вначале этого путешествия, называлось Деревом Премудрости и Глубины. Я знал, что Дух Премудрости ведет к глубинам Божьим, но единственный способ добраться до них — ожидать Иисуса и смотреть Ему в глаза. Когда исполняешь это, приходит Дух Откровения, чтобы до глубин Его премудрости просветить свой разум. Премудрость без Разумения может быть бесполезной. Когда в Духе Божьем они объединяют усилия, ты сможешь увидеть Самого Иисуса, Его тайны и славу наследия святых.

Все это я уже слышал, но после объяснения Иисуса за долю секунды четкое понимание всех Его наставлений ожило в моей голове.

Улыбаясь, мы с Иисусом продолжили путь к дереву. Приблизившись к нему, мы увидали реку, которая текла от престола Божьего.

Иисус учил меня: «Неблагоразумно будет говорить обо всем, что ты видишь здесь. Пользуйся премудростью, которую Я дал тебе.

Все, кто войдут на небеса, вкусят от этого дерева, и пройдут через эту реку.

Я покажу тебе три Царства небес. На самом деле их гораздо больше, но пока ты увидишь только три».

Мы вошли с Ним в Первое Царство, оно было таким огромным, что конца и края его не было видно. Множество христиан обитали здесь. В атмосфере стояла бесконечная, совершенно чистая хвала и поклонение. Небесный народ славил Бога не только словами, но и каждым движением своего существа. Каждый их шаг отображал обожание, возвышение и благоговение перед Богом Вселенной.

Глядя вверх, вдали я увидел Священный Град Божий и Его Престол. Этот вид был великолепен, однако, как мне думалось, я еще не видел его в полноте всей славы. Обитатели этого Царства вызывали во мне радость. Здесь было так прекрасно, что вообразить такое даже в мыслях казалось мне невозможным. Все они пребывали в абсолютном восторге от того, что находятся на небесах.

Господь посмотрел на меня с улыбкой и, прочитав в моих мыслях вопрос, ответил: «Это — первое Царство, самое дальнее от Престола и Первого неба. Многие в этом Царстве покаялись на смертном одре. Есть еще шесть уровней Первого Царства на небесах, каждый из них чуть ближе к Моему Престолу.

На других уровнях обитают те, кто принял спасение, был крещен Святым Духом, но так и не возрос во Мне».

Решительно взглянув на меня, Он произнес: «Человек познается здесь по его способности любить. Многие думают, что все зависит от даров, *но* забывают, что Я — даритель всех даров.

Дары и призвания, которые Я дал людям, непреложны. Не суди о величии человека на земле по его дарам. Некоторые Мои ближайшие друзья неизвестны на земле ничем другим, как только своей любовью. Они очень близки со Мной.

А теперь пойдем, Я покажу тебе второй уровень Первого неба».

Погулять с Иисусом по небесам — все равно, что проснуться в рождественское утро перед моментом распаковки подарков.

Мы шли, а Он рассказывал и рассказывал, объяснял мне даже малейшие подробности всего, что я видел здесь, потратив на меня много времени. Иисус гордился небесами, и еще больше гордился людьми, обитающими там.

Мы перешли на второй уровень Первых небес, и я понял, что после того, как человек попадает на небеса, ему есть куда продвигаться дальше.

Когда мы вошли на второй уровень Первого неба, ко мне подошел человек. Я не был с ним знаком, нас никто не представил друг другу, но он сам заговорил со мной. Я увидел, что Господь одобрительно кивнул в его сторону, и он начал рассказывать.

«Много-много лет я был верным пастором. Я любил Господа, но не любил Его народ. На земле я оставался эгоистом, я не позволял членам моей церкви расти выше моего собственного уровня. На самом деле я боялся трех вещей, что мои прихожане могут превзойти меня в чем-то, либо уйдут из церкви, либо возьмут власть в свои руки. Я знаю, что если бы не мой эгоизм, я мог бы оказаться на более высоком уровне небес. Тем не менее, я благодарен Богу за то, что нахожусь здесь». Мужчина смиренно улыбнулся и ушел.

Немного озадаченный, я спросил Господа, как вообще возможно то, о чем он засвидетельствовал? Господь улыбнулся мне и ответил: «Человек, попадающий сюда, проходит очищение, весь грех и вся нечистота его уже омыты. Этот пастор открыл тебе правду о себе. И эта правда остается с ним здесь, но Истина заключается в том, что она никак не влияет в худшую сторону на его дальнейшую судьбу на Небесах.

Некоторые, живя на Земле, проживают *одну из версий истины*, а Я есть единственная ИСТИНА. Мой народ должен полюбить ИСТИНУ.

Когда ИСТИНА разоблачит все неверные мотивы, кумиров и нечистоту сердец, тогда Я смогу исцелить их, и поставить на ПУТЬ. Когда они пойдут по этому ПУТИ, тогда получат ЖИЗНЬ, чтобы исполнить до конца то, для чего Я их создал. Я и есть все эти три составляющие — ПУТЬ, ИСТИНА и ЖИЗНЬ.

Если человек сделает меня Царем своей жизни, Я расчищу перед ним любой путь, и он сможет не только реализовать весь Мой потенциал, но и достичь полноты своего предназначения — кем он призван стать».

Только теперь я в полной мере понял значение надписи, выгравированной на Мече Истины: «Мой Иисус — Царь царей!»

Мое поклонение и любовь зазвучали на втором уровне первых Небес с такой силой, что я понял, что только здесь все чувства излучаются изнутри как песня, предназначенной одному Богу.

Он подмигнул мне и сказал: «Как здесь, так и на земле. То, что ты излучаешь на земле, здесь также хорошо видно».

Продолжив прогулку по небесам, Иисус сказал мне: «Неблагоразумно продолжать знакомить тебя со всеми остальными уровнями Первых небес. Давай поговорим о Вторых небесах, а потом познакомимся с человеком с Третьих небес.

Второе Небо или Второе Царство, которое Я хочу показать тебе, предназначено для мучеников — тех, кто отдал свою жизнь за дело Царства. Некоторые прошли путь мученичества очевидным способом, некоторые нет. Мученик в вашем представлении и мученик в Моих глазах — не всегда одно и то же.

Я люблю этих людей особенной любовью. Многим из учеников была предоставлена возможность простить своих мучителей, но только некоторые выбрали этот путь. Когда их пытали, убивали семью, Я давал им возможность простить убийц и тем прославить Меня. Страдающим Я всегда даю особенную благодать для прощения. Некоторые из мучеников выбирали правильный путь — любовь, а другие не захотели»

Проходя мимо Второго неба, я увидел нескольких мучеников, о которых говорил Иисус. Они были облечены в честь и величие.

Мы прошли Второе Царство и оказались у корабля, похожего на пиратский. Господь взял меня за руку, чтобы подняться на него .

Мы шли под сильным ветром. Я посмотрел на Господа немного растерянно от увиденного, и Он повелел мне: «Взгляни вверх».

Подняв голову, я понял, что плывем мы где-то в просторах Вселенной. Оглядевшись вокруг, я увидел впереди береговую линию, и мы плавно пришвартовались на песчаном берегу. Песчаная часть берега простиралась примерно на двадцать пять ярдов (22,86 м – прим. пер.), а дальше я увидел близко посаженные друг ко другу деревья. Они возвышались почти на пятьдесят футов (15,24 м – прим. пер.) в высоту, их диаметр составлял два фута (61 см – прим. пер.).

Когда мы вышли из корабля, я понял, что это место особенное.

Мы с Господом продолжили путь по берегу, а за горизонтом я смог увидеть все величие Вселенной.

Такое место трудно описать словами. Атмосфера здесь будто дышала самой святостью — светлой, чистой и славной, вряд ли раньше я когда-либо мог испытывать такое.

В тот момент отпали все вопросы, осталось только внутреннее осознание увиденного и то, что я созерцаю, слышу, осязаю, ощущаю на вкус в это мгновенье.

Мы продвигались все дальше, теперь не было необходимости говорить — мы с Иисусом как будто стали единым целым.

От ощущения того, что я узнал что-то новое, Дух Страха Господня переполнил меня. Постепенно он усилился, достигнув такой мощи, что мои ноги отказывались идти дальше. Иисусу пришлось поддерживать меня. Мы все же остановились, Он продолжал держать меня. Я посмотрел вверх и увидел в воздухе Шехину — славу Божью.

Издалека показался человек. Он был покрыт силой света, превозмогающей все вокруг, и двигался в нашу сторону. Охваченный Страхом Господним, он сам был источником ниспадающей славы — я понял это сразу. По мере приближения его силуэт все четче читался в огненном шаре славы. Я упал ни жив, ни мертв, Иисус же продолжал удерживать в своих руках всю тяжесть моего обмякшего тела. Затем Он тихо проговорил мне на ухо: «Укрепись и ободрись, в этот день Я дарую тебе одно из желаний твоего сердца».

Сила достаточная, чтобы я мог стоять, тут же вошла в мое тело, но я все равно не отпускал Иисуса.

Человек, окутанный светом, стоял перед нами, а я видел лишь его силуэт.

Иисус познакомил нас: «Джозеф, во всей полноте нынешнего времени Я привел тебя на эту встречу, зная желание твоего сердца. Это Енох. Он хочет поделиться с тобой одной тайной».

Енох заговорил мягким, внушающим уважение голосом: «Джозеф, тайна моего хождения перед Богом в том, чтобы постоянно пребывать в тайном месте у Всевышнего». Сказав это, Енох развернулся с выразительной красотой тысячи рассветов и пошел назад — туда, откуда пришел.

Оставшись наедине с Иисусом, я думал: «Но как?»

Иисус тут же ответил на мои мысли: «В тишине и покое, через облако тьмы».

Понимание смысла сказанного тотчас нахлынуло на меня. В этой части галактики, если Иисус что-то говорит, то ЖИЗНЬ Его слов способна провести тебя через всю вечность.

Я понимал, что хотел бы войти в тайное место присутствия Отца. Для начала с помощью хвалы и поклонения мне нужно было успокоить себя перед Иисусом. Потом просто ждать Его. Одновременно я понял, что смогу сделать это, отказавшись от своей силы и войдя в Его силу. Истина, открытая в Исаии 30:15, пришла мне на ум:

«ибо так говорит Господь Бог, Святой Израилев: оставаясь на месте и в покое, вы спаслись бы; в тишине и уповании крепость ваша; но вы не хотели».

После того, как пришло понимание этого слова, Иисус привлек мое внимание еще раз, сказав: «Теперь время идти, впереди тебя ждет великий путь, но прежде чем ты уйдешь, у меня есть для тебя подарок. Он будет с тобой во все дни твоей жизни и поможет побывать во многих и многих местах».

Он улыбнулся и громко свистнув, позвал того, кому было суждено стать одним из моих лучших друзей и компаньонов, которых я когда-либо имел в своей жизни.

Я и раньше видел его в видениях, он был обещан мне давным-давно. Это был белый жеребец.

Неужели настало это время?

Он оказался прекраснее, чем я мог себе представить! С силой и напором он несся ко мне со скоростью молнии, двигаясь легко, будто не прилагая усилий.

Приблизившись к нам, он остановился на мгновение и встал на дыбы. Затем как полагается жеребцу издал боевое ржание. Сзади него ударила молния, и я прочел надпись в нижней части седла — «ОЖИВОТВОРЕННЫЙ».

Я упал к ногам Иисуса, рыдая от благодарности и признательности. Ничем я не мог бы заслужить или заработать такую великую честь! Иисус посмотрел на меня, как отец смотрит с любовью на ребенка, и сказал: «Его зовут Гибралтар, он — непобедимая крепость! Садись, скачи на нем и выполни все, что было предопределено и сказано тебе от основания мира».

Взбираясь на своего нового друга и соратника, я восхищался тем, что совершил Господь. Мы были совершенны. Как только я взобрался на Гибралтара, он рванул, чтобы пересечь море.

Переполненный эмоциями, с мечом наперевес, я издал боевой крик: «Благодать! Благодать! Гряди, Господь Иисус! Гряди! Да приидет Царствие Твое! Да будет воля Твоя! На земле, как на небе!»

Пролетая через миры и царства, я увидел вдалеке солнце, заходящее над великой долиной. Это была Долина Царей.

Пояс Истины

Глава 7

«Пояс Истины»

Когда мы добрались до Долины Царей, уже светало, наступал новый день, и я понял, что вместе с ним настал рассвет новой эпохи, и что в этой долине побывало много великих царей.

Я спешно подошел к краю утеса и прославил Бога за благодать увидеть своими глазами рождение нового дня и новой эпохи на земле.

Хвала лилась из меня за Его доброту и милосердие, за все чудеса, которые Он совершал. Я чувствовал себя воином-завоевателем, который только что вошел в рассвет его последнего дня и победителем, собирающимся проехать через долину Победителей.

 Во время хвалы мое зрение обострилось до такой степени, что я смог разглядеть на расстоянии многих миль с самого края долины то, что было впереди меня и позади меня.

Я начал отчетливо ощущать свою цель и предназначение. Это ощущение появилось тогда, когда Господь подарил мне Гибралтара. Помазание вело меня к осознанию величия исполнения Божьих планов в моей судьбе.

Сидя на краю утеса, я восхищался красотой долины, распростершей-ся вширь настолько далеко, насколько могли видеть мои физические глаза. Ее просторы были заполнены коврами светло-зеленой травы, перемежающейся водоемами. С востока дул легкий ветерок, неся с собой успокаивающее действие.

Все еще продолжая любоваться долиной, я получил видение. Я увидел себя с обнаженным мечом в руке, скачущим на Гибралтаре прямо в царство тьмы. Оно простиралось над облаками и покрывало большую часть территории. Место, к которому я приближался, было окружено высокими стенами. Это был духовный город Вавилон — он и все вокруг него было поглощено тьмой.   Тут я обратил внимание на свои волосы, ниже плеч они были искусно заплетены.

Я скакал на своем коне, ощущая, что Слава Господня со мной и мир, превосходящий всякое разумение, омывает мою душу.

Я взглянул вниз. Прямо передо мной двигалось невидимое силовое поле. На расстоянии около трех футов (0,91 м – прим. пер.) перед нами оно взрывало землю и тут же выравнивало ее, так что впереди мы всегда могли видеть дорогу.

Посмотрев наверх, вдалеке я увидел других всадников на белых лошадях. Они тоже скакали к царству тьмы, но путь свой прокладывали по другой траектории. От всех всадников исходил ярчайший свет, хотя мрак все еще покрывал Землю. Все они были настроены решительно и уверенно.

Продолжая следовать в одном направлении, мы заметили друг друга и, соединившись в единый строй, вместе продолжили путь.

Нас было девять.

Я обратил внимание на то, что у этих всадников ниже плеч волосы были заплетены так же, как и у меня, так что внешне нас невозможно было отличить. И все же все мы были разными.

Мы вместе скакали, прокладывая путь, и теперь все могли видеть, как под нами формируется огромная единая дорога.

И как только мы выровнялись строем, миллионы и миллионы людей из народа Божьего присоединились к нам, встав позади и вокруг нас.

Те люди, кто оказались за нами, ревели как львы и парили в воздухе примерно в футе (30,5 см – прим. пер.) от земли и двигались с такой же скоростью, как и мы на лошадях.

Полнота славы Божьей пребывала на нас и перед нами, когда мы вместе в едином порыве, исполненные любви, продвигались в царство тьмы с единственной целью — побеждать и спасать.

На время я вышел из видения. Встав на ноги, отошел от утеса и, повернувшись к Гибралтару, понял, что он с нетерпением ждет меня у дерева.

С уверенной решимостью я подошел к нему, чтобы дать команду отправиться в Долину Царей. Присмотревшись к его глазам, я увидел, как свирепо в них пылает огонь. Казалось, это пламя, исполненное огромной силы, исходит из самого его существа. Я тут же запрыгнул на коня, посмотрел вперед и увидел Господа.

Он сидел за столом недалеко от края того утеса, от которого я только что отошел, и что-то записывал в дневнике. Обложка дневника коричневого цвета, сделанная из кожи, выглядела довольно просто. Увидев, что в дневник было записано много имен и каких-то дат, я спросил Его, что это означает? Он ответил: «День, когда человек стал Царем. Этот дневник содержит имена тех, кто осознал себя Царем и принял позицию ответственности Царя».

Иисус с улыбкой закрыл дневник, и я увидел слово, написанное на его лицевой стороне. Красным цветом было выведено — «Сыновья».

Ощущая, что Дух влечет нас назад, мы с Гибралтаром развернулись, чтобы найти тропинку, ведущую прочь от Долины Царей.

Я не понимал, почему Дух уводит нас из долины. Оставаясь здесь, мы могли бы продолжать наблюдать за великими и могущественными делами Божьими и за Его людьми. Тем не менее я уже научился не противиться влечению Духа и мы тут же двинулись по тропинке, уводящей от Долины Царей.

Мое любопытство было утолено, когда вскоре мы оказались на перекрестке дорог, в центре пересечения которых стоял огромный знак с указателями. Дороги простирались во всех возможных направлениях, а здесь, как я понял, была нулевая точка отсчета.

На знаке стрелками были указаны направления: «Лес», «Долина Царей», «Форпост» и т.д. Из всех направлений меня больше всего привлек — «Колодец».

Похоже, Гибралтар был согласен со мной, резво поскакав по тропинке, ведущей по указателю прямо к нему.

На ходу всматриваясь в происходящее вокруг, я увидел большие высокие колонны. На каждой колонне слоновой кости были вырезаны разные слова. Я запомнил лишь некоторые из них — «Учение», «Богословие», «Раса», «Пол», и др. Самым большим по размеру было слово «ЭГО».

Вдруг кто-то, находящийся прямо в этих колоннах, начал обстреливать меня из лука. Стрелы летели по всем направлениям, но падали в пяти футах (1,52 м – прим. пер.) от меня, не долетая до цели.

Я прекрасно видел, что было написано на каждой из них одно

единственное слово — «Мнение». Мне тут же стало ясно, чтобы добраться до колодца, не стоит взирать на чье-либо мнение. Легко проскользнув мимо «стреляющих колонн», мы добрались до уединенной бухты.

Вокруг нее росли красивые деревья — высокие, крепкие, покрытые двенадцатью видами листьев. Сама бухта была тихой, ее атмосфера источала безмятежность и святость. В центре нее стоял каменный колодец.

Выглядел он очень просто, без излишеств в конструкции, был старым и, по-видимому, часто использовался. Над колодцем крепилась двускатная крыша, похожая на те, которые можно встретить в старых кинофильмах.

Я поспешил к нему и заметил, что колодец оказался больших размеров, чем я ожидал. Рядом стояло деревянное ведро, привязанное веревкой одним концом к его дужке, а другим к вороту вала с кривой ручкой. С помощью этого нехитрого приспособления ведро опускалось в колодец.

Нетрудно было догадаться, для чего предназначалось ведро, но вот назначение коричневого пояса, свисающего с верхней части колодца через каменный борт, мне показалось загадочным. Выглядел он обычно, как все простые кожаные ремни, и только с его внутренней стороны исходило небольшое свечение.

Осторожно подойдя ближе, я перевернул ремень на тыльную сторону и обнаружил, что там таится фраза «Истина есть», и тут же она начала источать ярчайший свет.

Наклонившись над колодцем, я с удивлением обнаружил, что он наполнен свежей кристально чистой водой. Пытаясь увидеть дно, чтобы определить глубину, я вдруг увидел в ней отражение вала, который сразу не заметил. На нем читалась надпись: «Глубины Его присутствия».

С удивлением я поднял голову, чтобы рассмотреть знак внимательней. На деревянной поверхности вала он выглядел застарелым, но источал запах свежего воздуха.

Я почувствовал, насколько удивительным было это место, буквально кладезь Божьего присутствия, и я заглядывал прямо внутрь его сердцевины! Я ощутил волнение в своем духе, потому что понял, что это то самое место, куда я смогу прийти всякий раз, когда захочу.

У меня появилось желание найти Гибралтара и показать ему этот знак. Обернувшись, я увидел, что Иисус стоит рядом с моим конем и гладит его гриву. Господь посмотрел на меня с улыбкой и сказал: «Что ж, рад видеть тебя здесь». Я тоже улыбнулся в ответ и ответил: «Взаимно! Так вот оно, место, где Ты постоянно проводишь время!»

Он усмехнулся и добавил: «Прихожу сюда периодически».

Закончив трепать гриву, Иисус что-то прошептал Гибралтару на ухо, и тот понесся туда, откуда мы примчались.

Иисус вновь посмотрел на меня и сказал: «Присядь на этот пень. Я хочу показать тебе то, что научит тебя добиваться Прорыва».

Раньше я не слышал об этом, но фраза мне очень понравилась. Я присел и стал ждать. Взглянув в глаза Иисуса, в тот же самый миг я ощутил глубокую пронзительную боль внутри себя.

Глаза Иисуса стали красными и загорелись огнем. Пламя из Его глаз вырвалось прямо на меня, и я согнулся от боли и страха.

Вид Его лица оставался мужественным, решительным, как миллион пылающих солнц, яркость которых никто не смог бы угасить. Это состояние длилось столько, сколько Ему было нужно, пока огонь в Его глазах сменился на более мягкий взгляд.

Между нами установилось общение, которого раньше никогда не было. Для такого общения с Иисусом не требовались слова. Оно протекало на глубинном уровне — абсолютно духовном. Нельзя подобрать слов, чтобы описать ту близость и привязанность к моему Господу, которые я ощутил в тот момент.

С улыбкой на лице Он сказал: «Не бойся. Моя любовь к тебе временами будет обжигать как огонь лишь для того, чтобы очистить тебя.

Итак, приступим. Я привел тебя сюда, чтобы научить основам Прорыва. Хотя многие из Моего народа желают его, просят Меня о нем, но совершенно не понимают, как он приходит.

Иногда Я Сам становлюсь инициатором Прорыва в жизни Моего народа, но Мое желание, чтобы каждый из вас научился жить в состоянии Прорыва на личном уровне постоянно. Только тогда вы сможете распространять его везде, куда пойдете и каждому, с кем встретитесь».

Это признание поразило меня! Я сидел, открыв рот, умоляя Господа не останавливаться, и Он продолжил: «Прорыв состоит из множества частей и принципов, но важнее всего — соблюдать определенный порядок.

Даже те, кто не признал Меня Господом своей жизни, точно так же переживают времена Прорывов. Но их упование и вера не имеют основания во Мне, поэтому в конечном счете Прорыв может привести их в глубокую тьму, и так будет до тех пор, пока перед ними не встанет выбор — жить или умереть.

Бывает так, что выбор дается человеку в молодости, бывает — на смертном одре, но Моей благодати всегда достаточно в любом возрасте.

Пойми, любая ситуация, в которую попадает Мой народ, создана не просто так.

Меня умоляют о Прорыве, и Я отвечаю, но не все могут преодолеть обстоятельства, которые Я создаю. Поместив человека в них, Я жду, когда он сдастся Мне, изменится и выберет жизнь — в этом и есть смысл настоящего Прорыва. Да, люди просят о нем, но чаще, не дождавшись результата, просто умоляют Меня освободить их от обстоятельств.

Первый принцип, которому Я хочу научить тебя — это покаяние. Покаяние приведет тебя от одного Прорыва к следующему. Ты найдешь покаяние на всех глубинах Моего присутствия, от самой малой до самой большой. Покаяние вынуждает человека смириться и выразить готовность меняться.

Следующий принцип — любовь. Именно любовь не позволяет разрушить этот мир. Любовь есть заповедь и основание Моего Царства. Она проявляется в форме света и звука. Я есть Любовь, и Я есть Свет, и во Мне нет никакой тьмы. Нет больше той любви, чем Моя. Я возлюбил тебя от начала.

Когда ты проводишь время в Моем присутствии, откровение о Моей любви к тебе будет с каждым разом прогрессировать и тогда свет, исходящий от тебя, станет ярче, а частота, которую ты источаешь — выше. Это и есть начало всякого Прорыва.

Конечно, ты будешь проходить самые разные обстоятельства на протяжении всего жизненного пути, но пройдя их, ты выйдешь на тот или иной уровень Прорыва.

Помни, что Моя любовь — основание всего. Поэтому во всех обстоятельствах тебе нужно полагаться на откровение о Моей любви лично к тебе несмотря на ситуации — только так ты сможешь преодолеть всё!

Возлагая всё свое упование на Отца, ты сблизишься с Ним настолько, что познаешь всю глубину Его любви.

На следующем уровне после любви находится вера. Вера действует любовью, поэтому, возрастая в любви, ты возрастешь и в вере. Вера приходит от слышания моего слова Рема.

Верить — это функция ума.

Веру называют веществом, осуществляющим желаемое (в русск. - осуществлением ожидаемого - прим. пер.), поэтому, когда ты слышишь Мое слово Рема — вещество веры возгорается, чтобы увидеть уже существующим то, во что веришь.

Вера также является тем, на что ты надеешься — силой надежды, способной довести начатое до завершения — все это передается прямо в тебя.

Я наделил каждое мое слово Рема видением, силой выполнить его и привести в ожидаемое состояние.

Именно поэтому все Мои обетования — «да» и «аминь», где вера является основанием Прорыва.

Верой ты получаешь благодать, которая уже дана тебе и действует только по вере. Когда ты обретаешь ее, чтобы шагнуть в благодать, то благоволение Божье не только последует за тобой, но и пойдет впереди тебя.

Великая благодать изливается на нынешнее поколение, с ее помощью будет открыто и исследовано то, что хранилось на небесах до последнего времени.

Благодать — это огромная сила. Когда Павел писал: «Благодать вам и мир», он имел в виду, что не только сила Божья пребудет с вами для выполнения всякого дела, а также мир, чтобы довести начатое до конца.

За благодатью идет надежда. Надежда соединяет многие основания. Надежда — это ожидание с верой, пока не проявилось в физическом мире то, что ожидается. Так, многие и многие с надеждой ожидают Моего пришествия, веря Божьему обетованию.

Надежда — составляющая природы Льва, часть которой есть в Отце. Она покрывает тебя, когда ты смотришь на Него, в противном случае твое сердце остается незащищенным. Вот почему надежда, долго не сбывающаяся, томит сердце. Если ты входишь в состояние ожидающей надежды, благодать начинает действовать верой, и ты видишь, как вера действует любовью, которая заложена в основание Моего Царства. Понимая это, ты достигаешь подлинного состояния благодарения, а оно, как и надежда, присутствует на всех уровнях и объединяет все основания.

Благодарение — это один их самых действенных путей достижения Прорыва. Оно напрямую соединено с Моей славой. Благодарение трогает сердце Отца и все небеса. Когда ты находишься в состоянии благодарения, благодать расширяет ту сферу в твоей жизни, за которую ты благодаришь.

Благодарение также является проявлением откровения, которое ты только что получил. Оно ускоряет его активацию.

Будь осторожен, пусть твое благодарение будет направлено только ко Мне, иначе ты можешь пойти в неправильном направлении.

Когда ты войдешь в состояние настоящего радостного и постоянного благодарения, облечешься во все указанные принципы, активируется постоянный Прорыв, который будет сопровождать тебя во все дни жизни. Если к этому присоединить Прорыв, инициированный Мной, то твой рост в Сыновстве и осознании самоотождествления пойдет быстрыми темпами.

Ты должен понять, кто ты на самом деле, и что было сказано о тебе прежде основания мира. Понимание этого откроет перед тобой двери правления и царствования».

Сидеть у ног Господа и слушать Его было просто великолепно!

Слова, сказанные Им, ощущались как молоко и мед, капающие из Его уст прямо в мой дух.

Встав со старого пня, Он сказал: «Подойди к колодцу Моего присутствия, запрыгивай в него и увидишь, что там на глубине у Меня есть для тебя». Показав рукой на колодец, Он еще раз повторил: «Посмотри».

Взглянув на колодец, я почувствовал святое присутствие Духа Страха Господня, а также бессчетное число ангелов и духовных существ, окруживших его.

Ангелы, одетые в разнообразные одежды, казались тем более прекрасными, чем ближе находились к колодцу. Их красота напрямую зависела от тяжести славы, которую они носили на себе. Расцветки одежд были неземными, состоящими из чистого света, самых невероятных оттенков всех цветов радуги.

Каждый из них держал в руках свиток. У тех же, кто был ближе к колодцу, в руках был еще жезл власти. И я понял, что эту власть ангелы и существа могли получить только от самого Бога, непосредственно находясь в Его присутствии и видя Его лицо.

Я стал глубоко понимать всю благодать и благость Божью на путях к победе, но вот со Страхом Господним так и не разобрался до конца. Чтобы дойти до колодца Божьего присутствия, мне нужно было пройти именно через него.

Чем ближе я подходил к колодцу, тем более ощущал святость и тишину безмолвия. А прямо у колодца стояла такая благоговейная святая тишина, что на земле ее невозможно было бы измерить. В этой атмосфере ощущалась полнота разных возможностей.

Все же среди всего вышеперечисленного преобладание благоговейной тишины было неоспоримым, оно поглотило в себя и Страх Господень, и всех, кто находился там. Никто не шевелился, все ждали повеления от Господа, проявляя в этом чистейшую решимость как будто никому ничего, кроме ожидания, больше не нужно было.

Посреди группы ангелов и существ был небольшой проход, ведущий к колодцу. Когда я подошел к нему, сразу почувствовал присутствие Духа Страха Господня и вместе с ним Духа Ведения.

В атмосфере этого Духа невозможно было что-либо скрыть, он обладал абсолютной способностью видеть прошлое, настоящее и будущее, а также все, что связывает их.

Я проходил между этими прекрасными существами, и готов был слушать их речи, рассматривать их одежды хоть целый день, но мой взгляд был направлен только на одну цель — нырнуть в колодец на глубину Его присутствия. Для меня сейчас это стало важнее всего прочего.

В благоговейной тишине, внутренне поклоняясь Богу, я прошел мимо них прямо к колодцу. Сел на самый его краешек и, заглянув туда, куда смотрели все существа и ангелы, увидел то, что было видно им:

- где и кому они были предписаны,

- кто и какие получил назначения,

- кому было поручено произнести провозглашение над народами,

- кто должен был исполнить это для смены правительств.

- кто был предписан к городам,

- кто пришел прямо из Его присутствия, неся жезлы власти и свитки, предназначенные только определенным людям.

Большинство же их них всего лишь присматривали за тем человеком, который им был назначен. Они следили за его жизнью, всматривались во все происходящее Сосредоточенно и скрупулёзно, чтобы эффективно сотрудничать с человеком, к которому их определили.

Находясь в совершенном трепете от благости и планов Божьих, я наконец повернулся к колодцу. Настало время погрузиться в глубины Его присутствия.

Колодец

Глава 8

«Колодец»

Я знал, что меня ждет встреча с совершенно иным миром. Предвкушение радости захватило меня. Я сидел на краю колодца, опустив в него ноги, как вдруг почувствовал прилив величайшего чувства мира и радости, которое только можно представить себе. Оно поглотило меня с головы до ног.

Вода в колодце была прохладной, но не ледяной, и хотя она доходила мне до коленей, я не промок. Соскользнув с края колодца вниз, я полностью ушел под воду.

Открыв там глаза, я ожидал неприятных ощущений, но вскоре понял — ничего подобного не будет. Вода, напротив, оказалась приятной для всех моих органов чувств. К удивлению, колодец сразу же открыл мне свое пространство и сделался очень широким, таким, что я смог плыть.

Я увидел, что в колодце были разные уровни. Они представляли собой выемки в стене, в которые можно было заплыть, а затем встать в полный рост. Дальше на всех уровнях шли входы с абсолютно одинаковыми дверными проемами, которые вели к следующему уровню глубины.

Самый верхний вход назывался «Хвала». На дубовой двери коричневого цвета была надпись: «Я есмь дверь», открывалась она с помощь поворотной ручки.

Посмотрев вниз на глубину, я увидел другие уровни. Было сразу понятно, что ими пользуются довольно редко.

Не могу вспомнить названий всех уровней, но два наиболее запомнившихся мне остались в памяти — «Поклонение» и «Ожидание».

Я вдруг понял, что всем, кому удалось прийти на эти глубокие уровни Божьего присутствия, оставались там настолько долго, что уже практически жили в них, постепенно спускаясь все глубже и глубже.

Единственный вариант выбраться отсюда оставался вынырнуть вверх. Я начал задаваться вопросом, не придется ли и мне вынуривать всякий раз, чтобы вдохнуть глоток воздуха, на что Святой Дух просто сказал: «Дыши».

Доверяя Его слову, я глубоко вдохнул и действительно задышал прямо под водой. Я плавал и рассматривал все вокруг, как вдруг почувствовал, что меня зовет и манит один из уровней колодца, расположенный настолько глубоко, что его практически невозможно разглядеть. Это влечение каждый раз усиливалось, и через какое-то время я уже не мог ему противиться.

 Как только я уступил зову глубин, сразу же его мощная сила потянула меня вниз. Все произошло быстро и без усилий с моей стороны. Спустя несколько минут я проскочил через дно колодца в совершенно иной мир. Я оказался на земле и стал искать глазами портал подобный тому, который мне встретился в Месте Осенения.

Осматриваясь, я обратил внимание — всё, куда ни бросишь взгляд, выглядело совершенно и в идеальном порядке. Этот мир казался мне огромным и сложно устроенным, где все находилось на своем месте и было наполнено славой. Многослойные и разноцветные краски цветов и деревьев, неба и земли, да и всего видимого физическому глазу, создавали образ абсолютной красоты и целостности.

Продвигаясь вперед по грунтовой дороге шириной тридцать футов (9,14 м – прим. пер.), проходившей прямо посередине этого прекрасного мира, я увидел парящие прямо в воздухе названия книг Библии. Они также были покрыты славой. Размеры этих наименований составляли три фута (0,91 м – прим. пер.) в ширину и десять дюймов в высоту (25,4 см – прим. пер.), длина же их варьировалась в зависимости от количества содержащихся в них букв. Они вращались в воздухе, и пока я всматривался в это чудесное явление, Святой Дух сказал мне: «Возьми книгу пророка Исаии и съешь ее». Из-за ее величины было непонятно, как это можно сделать.

Как только я открыл рот, книга тут же уменьшилась до нужного размера и очутилась у меня во рту, на вкус оказавшись сладкой как мед и мягкой как вода при проглатывании. К своему удивлению, съев ее, я не почувствовал ничего неприятного. Я предчувствовал только одно — что чуть позже будет что-то еще более необычное, связанное с книгой Исаии.

Сзади послышался знакомый звук. Это на полном ходу скакал

мой жеребец. Подобно молнии, исполненный силой, Гибралтар бросился прямо ко мне. Изловчившись, как легкоатлет на эстафете, я побежал в том же направлении, что и конь, и как только он оказался рядом со мной, схватился за седло и запрыгнул на него. Теперь было ощущение, что мы обрели куда больше единства, чем раньше.

Мы скакали галопом по грунтовой дороге в направлении заката. Следуя в идеально заданном направлении, я продолжал осматривать окружающее пространство и снова подметил, что всё в этом мире находилось в точности на своем месте.

Спустя час езды на некотором расстоянии от себя я разглядел еще один утес. Приближаясь к нему, конь перешел на медленный аллюр и остановился прямо у его края. Я взглянул и увидел долину.

В долине располагался стан «храбрых», где было разбито множество шатров в правильном порядке. Здесь находились люди. Кто-то из них переходил от шатра к шатру, кто-то просто стоял и разговаривал. Казалось, что все эти «Храбрые» давно знакомые мне люди. У каждого в глазах был сильный и решительный взгляд, отражающий исключительную внимательность, преданность и бескомпромиссность. Очевидно, их задачей было просматривать окружающее пространство, и делали они это очень хорошо.

До того, как солнце сядет, я решил пойти в лагерь и осмотреть его. Оставив Гибралтара на вершине скалы, чтобы при случае он подстраховал меня, я пошел по ближайшему спуску. Как только я вышел из расселины, передо мной открылась долина, и я уперся именно в тот шатер, внутри которого сидели трое «храбрых».

Я незаметно вошел в него. Один из них, очевидно, был предводителем, отдающим приказы двум другим. Я узнал в нем Царя Давида. Он как раз закончил речь и задал вопрос, повернувшись к одному из них: «Иоав, ты понял?». Обладатель свирепого преданного взгляда Иоав сказал только одно слово: «Да».

Повернувшись ко второму «храброму», Давид спросил: «Иесваал, а ты понял?» И тот тоже ответил: «Да».

Пока я слушал их разговор, Дух Страха Господня с невероятной силой сошел на меня. Я понял, что «Храбрые» не просто чувствовали и понимали этот Дух, но и постоянно жили в мощном его присутствии.

Я вышел из шатра и отправился назад к Гибралтару, в долине уже наступила ночь. Осмотрев ее еще раз, я очень четко осознал, что жизнь «храбрых» в Духе Страха Господнего была подобна жизни в постоянном поклонении Богу. Именно этот Дух покрывал долину Святой защитой. В этот же момент я понял, как Давиду и его «храбрым» удавалось оставаться могучими и сильными в Господе все время. Жизнь в Страхе Господнем обеспечивала им охрану во всем и всегда.

Конечно, помогали им и качества других Духов, например Крепости, без которого они не совершили бы множества великих и удивительных подвигов, но именно Дух Страха Господня обеспечивал охрану от атак извне и изнутри и был основанием каждого шага «храбрых».

Восхищенный увиденным, я поблагодарил Господа.

Наступала ночь и я понял, что мне нужен отдых. Засыпал я в размышлениях о прошедшем дне, о том, что совершил Господь. Меня увлекала мысль, что цель моего визита в Долину Царей — осознать себя Царем. Я понял, что войти туда можно только через Колодец Его Присутствия, и что для этого необходимо постоянно ходить с Иисусом. С моих глаз как-будто начали падать завесы и, погружаясь в сон, я вдруг увидел новый уровень понимания Истины.

Проснувшись поздним утром, я обнаружил, что весь стан «храбрых» уже свернут. Я понял сразу, что все люди ушли на следующую битву и, судя по времени суток, всё было сделано в срочном порядке, оперативно и точно. Лагерь был свернут так бесшумно, что это не разбудило меня.

Запрыгнув на Гибралтара, я спуститься в долину, чтобы обнаружить следы «храбрых» и определить их направление. Казалось, все следы будто запечатлелись временем, оставшись на утренней росе. Они шли в одном направлении, а следы копыт лошадей повторяли ритм человеческих шагов — там будто не было ни одного лишнего оттиска.

Мудрость, с которой эти люди действовали, заключалась в том, что все они пребывали в единстве друг с другом и с Богом.

Солнце оставалось позади них, и мы с Гибралтаром поскакали в этом же направлении. Дул легкий и довольно приятный ветерок. В этом мире, казалось, никто никуда не торопится, и все происходит так, как должно происходить, и хоть время как измерение существовало здесь, но функционировало оно в совершенно другой парадигме: все события происходили либо «вовремя», либо «в Богом назначенное время».

Насколько могли определить мои глаза, впереди во всех направлениях простиралась земля необъятных масштабов. То тут, то там были видны водоемы. Ровно эту же картину я увидел в первый раз, когда месте с Иисусом смотрел на долину с утеса.

В этот момент качество моего духовного видения улучшилось, и я стал замечать мельчайшие детали панорамы, как мне казалось, даже больше тех, что позволяет увидеть телескоп.

Далеко впереди на расстоянии многих миль я четко видел золотой подиум. Он напоминал кафедру на сцене современной церкви и был около четырех футов (1,22 м – прим. пер.) в высоту, трех футов (0,91 м – прим. пер.) в ширину и двух футов (0,61 м – прим . пер.) в толщину. На подиуме лежала Библия, открытая на странице главы 35 Книги Исход. В размышлениях о написанном там и о золотом подиуме, продолжая, как мне казалось, скакать на коне, внезапно я оказался в том месте, где он находился. Возле подиума все выглядело по-прежнему, за исключением того, что рядом стоял Иисус, и я понял, что был перенесен сюда Самим Господом.

Он благосклонно посмотрел на меня и произнес: «Всякий раз, когда в будущем или в следующую минуту будут происходить подобные перемещения, знай, что у них есть конкретная цель, заложенная Самим Богом.

Перемещение человека в Духе, как когда-то это было с Филиппом, станет обычной процедурой с приближением конца времен (Деян. 8:39). Каждая цель будет определять задачи служения. Некоторые задания будут связаны с тем, чтобы что-то произвести, другие для того, чтобы что-то открыть. Когда такое будет происходить, не смущайся и не бойся.

Да, ты встретишь там лжепророков и существ тьмы, которые тоже могут использовать перемещения, но тебе будет дано знать два важных ощущения, которые дадут понимание подлинности происходящего и того, Мною ли оно инициировано. Непосредственно   перед самим действием независимо от того, будешь перемещаться ты сам или кто-то к тебе, два знамения послужат тебе — это Моя Любовь и Мой Свет. Они проявятся через тебя и пойдут перед тобой. В их проявлении я подтвержу тебе, что инициатива исходит от Меня.

Не забудь, тот же самый признак появится, если Я задумаю переместить к тебе кого-то из Моего народа. Если он будет человеком поистине ходящим со Мной, то непременно Моя Любовь и Мой Свет появятся перед его прибытием к тебе.

Чем больше ты будешь возрастать духовно, тем лучше научишься видеть разницу проявления Моей Любви и Моего Света от света тьмы».

С улыбкой Он продолжил: «Вернемся к цели твоего перемещения сюда. Снова прочитай 35 главу книги Исход». Это место Писания я читал раньше совершенно по-другому. Я смотрел на отрывок и слова его будто поднимались со страниц, оживая для меня все больше и больше.

Вдруг рядом со мной появился человек. В нем чувствовалась необычайная сила, хотя был он маленького роста с довольно плотным телом. Господь кивнул в его сторону, дав сигнал говорить. Я приготовился слушать и, спрыгнув с Гибралтара, направился прямо к нему.

Человек оказался   добродушным и несмотря на то, что говорил грубоватым голосом,   вызывал расположение к себе.

 «Меня зовут Веселеил, я был отправлен, чтобы наставить тебя на пути», — сказал он. Я еще раз взглянул на Иисуса, а Веселеил продолжил, кивая в Его сторону: «Он есть Путь, это и есть тот Путь, которому я буду учить тебя. Все ситуации, которые встретятся на твоих путях, ты должен будешь увидеть сам.

Итак, в этих словах есть видение для тебя.

Когда Господь помазал меня Духом Премудрости, Разумения и Ведения на всякое искусство, Он взял то малое от знания, что было у меня, и сделал его совершенным. Практически все, что я получил от Него невозможно   вообразить или описать словами.

Когда эти проявления Духа сошли на меня, мне открылся дар видеть в самом начале, как будет выглядеть законченный проект. Также я сразу начал понимать, как пошагово осуществить каждый из них. Все мои новые способности от Бога в большей степени касались того, чего я раньше не знал, и были связаны с творческим взглядом и умением творить, как задумал Господь — в точности и полном соответствии с полученными знаниями.

Духи Премудрости и Разумения помогли мне также передать знания и научить других выполнению видения. Сделать это не составляло труда, поскольку Господь уже показал мне в видении завершенный продукт. Все, что требовалось от меня — подчинить всего себя последовательному исполнению этого видения.

В одних проектах Господь еще до начала работы показывал мне все его этапы, в других давал локальную инструкцию. Все, что мне нужно было — подчинить свои знания чистому, ничем неоскверненному видению Божьему.

Все знания, какие давал мне Господь, работали в единстве с Ним. Я понял, что ни за что не выполнил бы весь этот труд без сотрудничества с Божьими Духами.

Джозеф, ты взыскал разумение и понял, что без него мудрость не приносит результата. Теперь Господь желает, чтобы ты сам мог определить, в каких случаях твоей мудрости не достает разумения. Когда поймешь это, нужно остановиться и подождать, а не действовать сразу, как получил видение от Бога. Только в том случае, когда мудрость и разумение будут уравновешивать и дополнять друг друга, родится законченный продукт.

Многие твои современники, получив видение, начали исполнять его силами плоти — это привело к потерям, а не ко благу. Если бы у них было послушание и терпение, потерь можно было бы избежать.

Господь желает, чтобы все Духи сотрудничали и пребывали в гармонии. Если ты подчинишь себя Его Премудрости, Разумению, Совету, Крепости и Ведению, будешь поступать в Страхе Господнем, разрешишь Духу Господню сойти на тебя и выполнить его работу, тебе моментально откроется конечный продукт, как только подумаешь о нем. Дух Господень, который и есть пророческое помазание, является вратами к остальным семи Духам.

Подчинив себя им, как я уже говорил, ты будешь оживотворен, сможешь исполнить видение, с которого все началось.

Запомни, что в Божьем видении все начала развиваются медленно, лишь потом приходит бурное развитие.

Представь себе ручей и речку. Уже в начале их движения присутствует сила семи духов, но все начинается с небольшой глубины — по щиколотку. Дальше глубина растет: до колена, до пояса, до появления полного течения, в котором ты наконец-то поплывешь.

Если же не подчиниться Божьему видению, тебе придется тратить всю жизнь на исполнение лишь первой части своей судьбы.

Пойми самое главное — всегда ожидать Господа! Если дождешься видения от Него, подчинишься семи Духам Божьим, которые станут твоими наставниками и не будешь торопиться, времени всегда будет предостаточно, чтобы выполнить все, запланированное для тебя Богом».

Я поблагодарил Веселеила, и он исчез. Затем я улыбаясь, посмотрел на Господа и поблагодарил Его за то, что Он совершил внутри меня и через меня. Я осознал также, что эти переживания много чего произвели внутри меня, главное из этого — исцеление. До того, как я первый раз посмотрел в глаза Иисуса, я и представить себе не мог, как Его любовь способна исцелять.

Также я стал гораздо ближе с Господом, вместе с близостью пришла сила откровения и понимания.

И последнее, что я определил — возросли мои способности творить что-либо для Него.

Я был так благодарен за все это!

Теперь Откровение и Понимание стали настолько мощными, что во много раз превысили способность к восприятию Божьих проектов. Каждое новое переживание оживало настолько мощно, что мгновенно поднимало меня на новый уровень понимания, усиливая собой все откровения и озарения прошлого.

Господь, оставив меня около золотого подиума, милостиво дал мне время осмыслить происходящее. Когда я «переварил» сказанное, Он посмотрел на меня и сказал: «Хочу объяснить тебе еще кое-что, а потом отвечу на твой вопрос». Внутри я рассмеялся, так как не успел задать Ему ни одного вопроса. Он же знал, что у меня есть, что спросить.

Иисус продолжил: «Мое желание — чтобы все святые жили в полноте Святого Духа. Пойди к Моему народу и скажи им, что такая жизнь, какая доступная через Меня, предназначена всем святым, а не только избранным. Конечно, тебе могут ответить, что это не для всех, но Я утверждаю — это для многих и многих!

А теперь Я отвечу на твой вопрос относительно подиума. Он весь сделан из золота по двум причинам. Чтобы тебе понять первую, хочу пояснить, что подиум символизирует платформу, с которой любой говорящий всегда должен говорить от Моего имени. Неважно, где это происходит — на работе, дома или вообще в пустыне.

Почему именно золото выбрано материалом подиума? Потому что многие вещи, в том числе золото, со временем становятся идолом в сердце человека. И сам подиум и те, кто стоит за ним, также могут стать идолом, тогда как многие из них давно забыли простоту Евангелия и значение отношений со Мной.

Есть еще одна причина, по которой подиум сделан из золота. Она указывает на ценность того места, где позволено говорить о том, и только о том, что открывает Господь. Встав на платформу за кафедру и обращаясь к людям от Моего имени, не имеет значения к одному или миллиону человек, на улице или в другом месте, ты должен знать Мои ценности.

Лучше для Меня, когда простой с сокрушенным и покаянным сердцем человек из любви скажет единственную фразу: «Я люблю тебя», чем самый образованный, но не преданный Мне сердцем говорит красивую проповедь.

Мой гнев возгорается на это, Мой Отец не терпит человеческую корысть, использующую Благодать в качестве оправдания своей вседозволенности, пытаясь при этом стоять на Святом Месте и думать, что говорит от Моего имени.

Эта «платформа» предназначена для того, чтобы говорить только от Моего имени! Она свята и не может быть осквернена!

Грядет на землю время, когда человек не сможет жить во лжи. Каждый, вставший на эту платформу без чистоты сердца, чтобы говорить как от Меня, пострадает и повторит судьбу Анании и Сапфиры. Мотив Мой — чистая Любовь и ничто иное!

Если и не избежать последствий Моей строгости, то знай, что поступаю Я так только лишь с целью уничтожить все, что встало на пути Любви, чтобы искупить многих. Страх Господень может уберечь их от таких последствий».

Глубоко вздохнув, я сказал: «Да, Господь! Конечно, мне не хотелось бы передавать эти наставления народу, я действительно не в восторге от них, но передам все в точности и в правильной позиции сердца. Я знаю, не все слова в нем легки как шелк, но я уверен, что все они —Истина. Спасибо Тебе, непременно передам, и пусть Страх Господень утвердится в сердцах Твоего народа»

Он кивнул как истинный джентльмен и, сказав в ответ «Спасибо», исчез.

Лишь только Он исчез, я упал на колени, взывая: «Отче! Научи меня Твоим путям, покажи мне их. Зри, не на опасном ли я пути. Очисти меня Твоей Истиной и направь меня на пусть вечный!»

В тот же момент ПРОГРЕМЕЛ сильнейший рык льва такой, что трудно было понять, где его эпицентр. Он звучал одновременно и сзади меня, и вокруг меня и даже внутри меня! Абсолютно беззастенчивый, полный силы, власти и славы, он потряс все, что могло быть поколеблено, в том числе и меня. Потом настала тишина и такое оцепенение, что даже Гибралтар замер, потрясенный ею.

Я уже знал Господа кротким Агнцем, но теперь Он начал открывать мне Себя как Лев.

Я сидел возле подиума и размышлял обо всем, что услышал от Господа. Углубившись в размышления, я погрузился в новое интерактивное видение.

Река

Глава 9

«Река»

Видение приобрело четкость, и я разглядел тихую речку, мирно текущую передо мной. Вода в ней была чистая, как стекло, а песчаное дно ничем не замутнено. По берегам реки, покрытым сочной травой, мелькали желтые нарциссы и люцерны.

Иисус приплыл ко мне на деревянной трехместной лодке и, подгребая веслом к берегу, смотрел наверх. По виду лодка казалась надежной, хоть и часто используемой. Я разглядел древесину, из которой она была сделана — это ливанский кедр. Внутренняя поверхность лодки была великолепно отшлифована, поэтому вероятность получить даже занозу была очень низкой.

Иисус широко улыбался и был чрезвычайно рад меня видеть. Он сказал: «Запрыгивай, поплыли! Я прибыл сюда, чтобы ответить на твою молитву, которой ты только что помолился и на другие вопросы, которые ты хотел, но еще не успел задать»

Я удивился не только немедленному ответу на молитву, но и радости, с которой Иисус хотел на нее ответить. Видимо, молитва получилась хорошая! Я был рад сесть в Его лодку.

К моей радости под сидением нашлось весло и для меня, поэтому я уселся на свое место, и ответив: «Хорошо, Господи, поплыли», — начал грести.

Оглянувшись на меня, Иисус посмотрел прямо в глаза и сказал всего три слова: «Я люблю тебя». Он так сказал их, что я никогда этого не смогу забыть. Это выше моих сил! Из Его уст они звучали как песня любви. Они лились так, будто все мелодии природы гармонично слились в нежной близости, известной только тому, кто по-настоящему любит. Сказанные мягко и искренне, с непоколебимой силой, они проникали в самую глубину моей души, достигая такой глубинной ее части, о существовании которой я и не подозревал.

Я не смог грести дальше и, опустив весло, зарыдал. Я понял, что в этот момент мне открылась Любовь, которую я никогда раньше себе не представлял.

Рыдания исходили из той доселе неизвестной части меня,

которая   сильнее всего нуждалась в Божьей любви. Это был плач сокрушенности и благодарности, который сорвал с моей внутренности   все завесы стыда, гнева и печали. Песнь любви исцеляла и восстанавливала мое сердце, собирая все его кусочки. И я почувствовал, что получил полное исцеление. Глубину той Любви, которую я переживал, было бы сложно описать. Могу только уточнить, что она не только исцелила меня, но и омыла от последствий ран, так что я стал совершенно новым человеком.

Река тихо текла, я продолжал рыдать, а мой Царь Иисус медленно греб веслом. Передать Ему на это время греблю меня полностью устраивало. Наконец я закончил всхлипывания, посмотрел на Него и спросил: «Царь мой, что это за река?».

Он едва слышно ответил: «Это Путь Мира, а Путь Мира подобен реке (см. Ис. 48:16-22). Ты познал Мир, и он открылся тебе определенным образом, но теперь Я покажу тебе его в другом свете.

Ты молился словами Давида: «Укажи мне, Господи, пути Твои и научи меня стезям Твоим» (см. Пс. 24:4). Ты и раньше молился словами пророка Иеремии, когда просил Меня: «Покажи мне путь древний, где путь добрый» (см. Иер. 6:16), что ж, начинаю открывать их тебе.

Один из них — Страх Божий. Это Древний Путь, который хорошо понимал Давид. Теперь Я хочу, чтобы ты увидел Мой Путь Мира и понял, как он действует. Для этого Я хочу, чтобы ты лучше узнал Меня.

Когда ты познал Путь праведности, ты понял, как можно попасть в то место, где находится Осеняющий Мир. Теперь тебе предстоит узнать, что все Мои Пути взаимосвязаны.

Страх Божий и Дух Страха Господня связаны с Путем Мира напрямую. Там, где есть Страх Божий и Дух Страха Господня, всегда присутствует Мир. Если хочешь понять Путь Мира, ты должен принять эти вещи. Если тебя интересует, как они взаимосвязаны, посмотри, что написано в Рим. 3:17-18, и ты увидишь, что Путь Мира неизвестен тем, у кого нет Страха Божия. Поразмышляй над этим! Это может принести много пользы. Мир — один из Моих Путей, которому Я прямо сейчас тебя учу, чтобы теперь ты мог познать его».

Еще на расстоянии я увидел огромную гору. Она была сформирована из твердой породы и обладала структурой магнетической силы. Гора манила к себе так, что даже на расстоянии чувствовалась это притяжение. Я понял — это гора радости, т.к. Путь Мира всегда приводит именно к ней.

Прямо сквозь центр горы текла река, но не разделяла ее на правую и левую стороны, а стремительным потоком надвигалась на нас. Я понял, что нам придется проплыть под тем самым проёмом, через который вовнутрь горы протекала река Мира. Он был довольно старым и напоминал древнюю штольню. Двери в него держались крепко, хотя были по виду такими же старыми как наша лодка. Мы проплыли через двери, и я успел прочитать написанные на дверном косяке слова — «Спасение и Полнота» — так были отмечены два входа — в Радость Спасения и в Полноту Радости.

Наша лодка оказалась внутри горы. Господь все еще верно и медленно греб веслом, а за входом открывалось пространство без конца и края. Гора радости оказалась бесконечной во всех направлениях. По берегам реки виднелись земля, грунт, были выкопаны источники огромных размеров. Каждый выглядел уникальным по своей природе. Я сразу понял — это источники спасения, и черпать из них можно только с радостью (см. Ис. 12:3). Хотя из лодки нельзя было выходить, мне очень хотелось посмотреть на источники ближе, и я подумал, что позже попрошу об этом Господа.

Продолжая грести, Иисус оглянулся на меня и сказал: «В горе радости мы найдем первый из двух видов Мира. Тот Мир, который приходит в результате спасения и является примирением с Богом. Когда ты получил спасение, ты перешел из смерти в жизнь, от вражды с Богом к Миру с Ним, который влечет за собой неописуемую радость.

Продолжим позже, а пока нам пора! Из Горы Радости мы должны попасть в другое место».

Внезапно наша лодка оказалась по другую сторону горы. Иисус продолжил грести в прежнем ритме и, обратившись ко мне, сказал: «Пора бы и тебе взять весло и грести со Мной. Подходит время, когда тебе станет важно сосредоточить все свое внимание на Мне, чтобы в унисон со Мной научиться делать любое дело».

Я взял весло и попробовал грести, это оказалось не так просто, как я ожидал. Если я греб сильнее Иисуса, лодка начинала поворачивать корпус влево . Было очень непривычно. Некоторое время спустя наши гребки синхронизировались, и чем больше я был сосредоточен на Иисусе, тем легче становилось грести вместе. От совместной гребли скорость лодки начала увеличиваться. Река все так же медленно несла свои воды, но мы летели по ней уже со скоростью молнии. Мне это очень нравилось. За короткое время мы продвинулись на значительное расстояние.

Когда пейзаж вокруг нас изменился, мы снизили темп. Я не особенно присматривался к местности, так как центром внимания для меня была гребля, однако без труда можно было определить, что обстановка меняется к худшему.

Впереди было видно, что надвигается ужасная буря. Все пространство, где она проходила, вмиг опустошалось, даже берега вдоль реки становились совершенно пустыми, тогда как сама река оставалась по-прежнему спокойной. С ней все было в порядке и только русло, до этого прямое, стало изгибаться из стороны в сторону.

Буря внушала мне сильнейшее чувство страха грядущей угрозы и приближения множество других зол. Я спросил Господа, что представляет собой буря, и Он ответил: «Эта буря олицетворяет Жизнь. Период бури переживает каждый человек, который ходит по земле. Я очень надеюсь, что в твоей жизни ты начнешь чувствовать ее приближение и пребывать во втором виде Мира.

Я уже объяснил тебе состояние первого Мира, когда ты примирился с Богом. Теперь тебе предстоит узнать, что такое Мир Божий во время бури, подобной той, которую ты видишь впереди. Я хочу, чтобы ты понял, что Мир — залог твоего выживания. Мир с Богом спасает человека, а Мир Божий сохраняет его».

Когда мы достигли бури и зашли на ее территорию, я посмотрел вокруг и обнаружил, что везде в поле моего зрения полная разруха. Там ничего не было видно кроме тлена, потоков всякого зла, беззакония и вожделений. Чего там было в избытке, так это:

-половых извращений,

-поломанных разделенных войной семей,

-неверных бизнес-решений,

-испорченных партнерств,

-людей, занимающихся религиозными оргиями,

-людей лживых, говорящих о Боге с одной стороны своих уст хорошее, и худое — с другой,

-плохого обращения с детьми,

-внезапных катастроф,

-преждевременных смертей,

-людей, посещающих частные домовладения от имени дьявольских организаций,

-обманывающих общество телевизионных и новостных станций,

-зловещих замыслов, на исполнение которых были даны легальные разрешения.

Там было так много ужасного, что и множества многотомных изданий не хватило бы, чтобы перечислить все.

Рассматривая их, я был в ужасе. Я чувствовал себя гадко, как будто оскорбили лично меня. Одновременно мне было очень стыдно. Из-за этого я был в таком подавленном состоянии, что едва смог услышать шепот. Он был похож на голос Господа, но я не был в этом уверен. Повернувшись в направлении голоса, я расслышал его уже лучше. Тихим шепотом мне было сказано: «Вернись в лодку, Я там, где ты Меня оставил».

Я взглянул вниз и обнаружил, что уже давно не нахожусь в лодке, а прямо в центре места, описанного мной выше, ощущая влияние происходящего не только на уровне эмоциональном, но и на физическом.

Я бросился к берегу реки и наконец добравшись до него, забрался в лодку, посмотрел на Господа и спросил: «Что же произошло?». Еще до того, как получил ответ, Мир снова вошел в мою жизнь, и мое тело тут же исцелилось. Это было так здорово!

Он строго посмотрел на меня и сказал: «Ты забыл о Моем недавнем предупреждении в подобных обстоятельствах сосредотачиваться на Отце. Только в этом случае человек сможет одолеть дорогу через это место. А ты не только сошел с Пути Мира, но и добровольно оставил Страх Божий — это очень опасно!

Помни, ты всегда СОЕДИНЯЕШЬСЯ с тем, на чем сосредоточен. Бо́льшая часть твоей жизни на земле находится под управлением твоих мыслей, поэтому так важно видеть, на чем именно ты сосредоточен. Если на ужасном и отрицательном — тогда с ним и соединишься, притянув подобное еще больше.

Конечно, такие вещи будут случаться в жизни, никто не застрахован от них, но когда это произойдет, у тебя всегда будет выбор как поступить. Ты можешь столкнуться и пережить на своем опыте стихию этой бури, но все равно оставаться сосредоточенным на Мне.

Бесполезно вести себя так, будто ничего не происходит. Ты должен повзрослеть настолько, что обретешь внутреннюю уверенность независимо от того, что происходит вокруг — все это в Моей власти.

Как только ты начнешь жить этим откровением, ты сможешь плыть по жизни, храня Мир и Страх Господень. Только от тебя зависит, обратишься ли ты всем сердцем ко Мне и будешь ли сосредоточен на Мне, независимо насколько в этот момент слепым или далеким от Меня ты себя чувствуешь. Не позволяй обстоятельствам увлечь тебя, чтобы увести от Меня.

Лодка останется там, где ты из нее вышел. Не смущайся, что русло реки изменяется, периодически виляя. Лишь река — самый верный путь для тебя, она приведет туда, где Я.

Это Мое желание, чтобы ты пришел к цели. Иногда тебе будет казаться, что плывешь не туда, но будь уверен, именно этот Путь совершенен для тебя. Суть в том, что хотя ты и столкнешься здесь с переживаниями, но только на реке всю оставшуюся часть путешествия ты сможешь пребывать со Мной в одной лодке».

С этого момента я изменил свой взгляд. Поменял его направление и фокус. Мне пришлось столкнуться со многими из тех обстоятельств, что были описаны ранее, но Слава Господня и Его Сила, Любовь, которую Он излучает, были гораздо сильнее любой беды.

Взглянув на меня еще раз, Иисус сказал: «Часть того, что ты увидел, непременно произойдет с тобой.

Да, с Моим народом происходит больше бед, чем ты можешь себе представить, но все происходящее с ними Я называю одним словом — Семя».

Я обернулся и снова взял свое весло. Оказывается, войдя в бурю, мы проплыли не больше десяти футов. Я понял, чтобы пройти ее до конца, мне нужно грести вместе с Иисусом. Если я не буду грести вместе с Ним, то продвинусь только на незначительное расстояние. А если не сосредоточусь на Нем, могу вообще не сдвинуться с места. Я собрался внутренне и уверенно проговорил: «Жду твоей команды, Господи».

И Он ответил: «Поплыли». И мы поплыли дальше с прежней стремительной скоростью. Теперь я вообще не отрывал глаз от Него. Вокруг нас все время стихийно что-то обрушалось, но слава, исходящая от Иисуса, была больше того, что происходило. Теперь мне не важна была скорость, с которой мы плывем. Преодолевая вместе все излучины и повороты реки, я принял твердое решение — никогда больше не выходить из лодки без Иисуса.

Мы проплыли довольно значительное расстояние и ландшафт снова начал меняться, но на этот раз в лучшую сторону. И тогда я понял, о чем Иисус говорил раньше. У меня теперь действительно получалось одновременно видеть происходящее и не отрывать от Него глаз. Я вспомнил, что подобное я уже переживал внутри Горы Радости. Это откровение очень утешило меня. Осматриваясь кругом, я поймал себя на ощущении, которое отличалось от всех проявленных до этого в других ситуациях. Я почувствовал, что это место будто заполнено Божьим Ведением. Все окружающее пространство содержало в себе больше Ведения, чем то, что могло поместиться внутри меня или где-нибудь еще. Возможно, мне суждено было получить его именно здесь.

Обернувшись и посмотрев вперед, я понял, что Иисуса больше нет со мной в лодке. Я подумал, возможно, для таких мест это неплохой знак и принял решение — даже если я не вижу Иисуса, это не означает, что Его нет рядом.

Продолжая грести, я посмотрел вперед и увидел проявление великой славы Страха Божьего, который снова ощущался довольно сильно. Все еще работая веслами, я был уверен, что вот-вот снова увижу Иисуса, чтобы вместе встретиться с Духом Страха Господня и с пока еще не знакомым мне Духом Ведения. Я понимал, что их сотрудничество принесет мне глубокое откровение и предчувствовал, что оно будет связано с Троицей и с Ее безграничной властью.

Слава усилилась на этом месте и полностью объяла меня. Не описать словами картину всего, что я здесь пережил, разве что выбрать некоторые из них, чтобы хотя бы приблизительно отобразить произошедшее: молния, всевластие, золото, сила, необъятная любовь и полнота благоговения.

Сквозь доспехи и мантию я буквально видел, как сияет мой духовный человек.

Впереди стали видны ступени, ведущие к престолу. Как только я начал двигаться, окружающий меня пейзаж моментально изменился. Я оказался уже не на реке, но в престольном зале.

Семь ступеней вело к престолу, множество славных ангелов служило Господу Иисусу. Я не осмеливался встать на первую ступень, потому что не мог себе представить, что произойдет, если двинуться без разрешения Иисуса. Дух Страха Господня присутствовал настолько мощно, что я не мог решиться говорить без повеления свыше.

Это было Святое место, полное славы и присутствия Господня. Царь Царей держал большой скипетр в руке. Я приблизился к престолу и упал перед Ним на колени, Он же простер ко мне Свой скипетр и сказал: «Подойди, Джозеф».

Я подошел чуть ближе, и Он продолжил: «Джозеф, ты знал Меня как друга, теперь же ты увидел Меня как Царя Царей. Ты просил Меня показать Себя в этой ипостаси. Ты также просил царского помазания, но говорю тебе, что это далеко не все, о чем ты можешь просить. Есть у тебя еще прошения?»

В этот момент мое сердце максимально распахнулось, и я, тщательно подбирая слова, наконец произнес: «Иисус, я хотел бы знать, как возможно, что Твое сердце, сердце Отца и сердце Святого Духа пребывают в единстве? Еще я хочу знать то самое ценное, что есть в Твоем сердце? Я хочу возрастать и совершенствоваться в моих отношениях с Отцом, Тобой и Святым Духом».

Он посмотрел на меня благосклонно и ответил: «Ты просишь хорошего… Я смирен и кроток сердцем. Закрой свои глаза».

Броня праведности

Глава 10

«Броня праведности»

Какое-то время я еще стоял с закрытыми глазами, как вдруг меня охватило ощущение веселья. Я услышал смех внутри себя и почувствовал такую радость, какой никогда раньше не переживал. Эта эмоция будто прыгала и скакала по всему залу, создавая впечатление, будто Сам Иисус устроил мне большой сюрприз на день рождения.

Он сказал: «Хорошо, открывай глаза». Широко открыв их, я увидел и всеми фибрами души ощутил огромные масштабы помещения, в котором мы оказались — ни конца, ни края его не было видно. Не было в нем ни потолка, ни стен. Пол же ощущался твердым как бетон, он был покрыт сверху мягким коричневого цвета материалом. Зал все еще источал свежесть его аромата, который особенно приятен тогда, когда все работы по укладке только что завершились.

Святой Дух радостно танцевал, а Иисусу просто доставляло удовольствие быть со мной, и весь зал наполнялся их эмоциями.

Передо мной оказалась игра в ДЖЕКС уже расставленная и готовая (игровой процесс заключается в ловкости бросания мячика и сборе косточек-гнезд – прим. пер.). Подняв взгляд, я увидел Иисуса с блестящими глазами и широкой улыбкой. Он сказал: «Начинай первым».

Я подбросил мячик и, протянув руку к гнездам, очень удивился их собранному количеству — почти восемь миллионов. Это была огромная цифра, и всё еще я не понимал, как все они могли поместиться в моей руке. Действительно, около восьми миллионов гнезд были в ней!

Я посмотрел на Иисуса, и Он рассмеялся. После этого и я начал смеяться. От оглушительного смеха мы оба катались по земле, смеясь так долго, что стал побаливать живот. Слегка успокоившись, Иисус посмотрел на меня и, все еще похихикивая, сказал: «Идем со Мной».

Мы подошли к лифту. Сотворенный из бледно-серых облаков, он как раз спускался с небес. Шахта лифта была сделана из белых облачков, напоминавших смесь сахарной ваты и ватных шариков — мягких и пушистых. Из любопытства я засунул туда руку и узнал то, что и так знал всегда — облака состоят из воды.

 Как только я вытер мокрую руку о мантию, раздался пронзительный сигнал. Загорелась зеленая лампа, указывающая на движение вверх. Дверь открылась, и Иисус, будучи совершенным и кротким джентльменом, пропустил меня вперед. Когда мы оба оказались в лифте, я обратил внимание на то, что там есть только одна кнопка с надписью «Воображение». Располагалась она слева, как и во всех стандартных лифтах гостиниц. Иисус нажал на кнопку и дверь закрылась.

Из лифта мне вдруг захотелось посмотреть вниз, и я увидел, что он движется усилиями четырех ангелов, толкающих его снизу. Где-то на полпути Иисус исчез. Лифт доехал до верхнего выхода, его двери открылись, и я один вышел прямо на облака.

Стоя на облаке, я смотрел вперед. Передо мной предстало огромное сердце размером с четыре планеты Земля. Оно сильно и ритмично билось, и было соединено со всем живым, что я здесь видел. С первого же взгляда мне стало ясно, что это сердце — сердца Отца, Сына и Святого Духа, работающее и действующее как одно целое. Рассматривая его, я удивился не только размеру, но и тому, что все три личности Троицы — как одна — действуют в полном единстве между собой.

 Тут же я задал Господу вопрос: «Какому месту Его сердца уделить больше внимания, чтобы попав туда, выразить свою любовь?»

Как только я спросил, голос, говорящий в единстве Отца, Сына и Святого Духа, казалось, гремящий сквозь вечность, ответил: «Джозеф, ты задал отличный вопрос, но лучший, который откроет тебе ВСЕ Наше сердце и одновременно все ЕГО нужды, мог бы звучать так: «В чем пребывает Наше Сердце?». Я тут же повторил этот вопрос, обращаясь к Господу: «В чем пребывает ВАШЕ сердце?»

Немедленно это гигантское Триединое сердце обратилось в миллиарды лиц — то были лица *всех* Его детей — прошлого, настоящего и будущего поколений одновременно.

В этом месте измерения времени не было, а лучше сказать — это было место   вне времени, поэтому отдаленное прошлое здесь было настолько же близко, как ближайшее будущее, а в настоящем времени находился здесь только я и поэтому оказался так близок к этим лицам.

Удивляясь происходящему, я услышал, как Триединство заговорило снова. Кратко и ясно мне было сказано: «В какую часть Нашего сердца ты хочешь попасть? Подумай об этом и ты окажешься там».

Мало понимая значение этих слов, я все же сразу представил себе его левую верхнюю часть. И действительно тут же я оказался внутри Божьего сердца, там, где представил.

Меня мгновенно окружило множество людей. Когда я смотрел на какого-нибудь человека, я совершенно точно видел все его пути — откуда и куда он идет. Их было несколько, можно было выбрать любой. Я также ясно видел, какой из путей выберет тот или иной человек. Мне было известно, как он это сделает, и почему так поступит в данный момент.

Меня охватило ощущения огромной милости и любви к Божьему народу. Самое главное — я своими глазами увидел, как сердца Отца, Сына и Духа одновременно вели работу над жизнью каждого человека, и как сильно Господь нуждался в Своем народе.

Я смотрел бы, казалось, целую вечность на эту сцену, но что-то заставило меня подумать об облачном лифте, на котором я сюда прибыл, и мгновенно я оказался там.

Все еще наблюдая за сердцем из тысячи и тысячи человеческих лиц, я увидел в его нижней части дверь. Она вдруг   открылась, и оттуда хлынул ослепительно белый свет славы. Я спросил Триединого о значении этой двери и, как прежде, все Трое ответили мне в совершенном единстве: «Любовь проявляет себя в виде Света. А эта дверь — ты».

Понимание пришло ко мне тут же: каждое Божье дитя — дверь в Его сердце.

Ему угодно   открывать   Себя посредством Своих   детей. Неудивительно, что второй величайшей заповедью является любить ближнего своего, как самого себя. Твой ближний подобен двери в сердце Бога — вот как на самом деле Оно устроено. Тогда же я понял, что говорится в 1 Ин. 5:1-3:

«Всякий верующий, что Иисус есть Христос, от Бога рождён, и всякий, любящий Родившего, любит и Рождённого от Него. Что мы любим детей Божиих, узнаём из того, когда любим Бога и соблюдаем заповеди Его. Ибо это есть любовь к Богу, чтобы мы соблюдали заповеди Его; и заповеди Его не тяжки».

И эта истина действует в обоих направлениях. Если мы верим, что Иисус есть Господь, то мы рождены от Бога. Если рождены от Бога, то будем любить Иисуса. Исполняя Его заповеди и любя Отца, мы любим Его детей. А если любим Его детей, нам открывается путь к Сердцу Триединого посредством Духа Святого. Любовь к Богу — это соблюдение Его заповедей, и как сказано в Ин. 14:21-23, если мы любим Иисуса и соблюдаем Его заповеди, то Иисус явит Себя нам. А еще сказано, что Иисус с Отцом «обитель в нас сотворят». Вот это да!

Я опустился на колени прямо на облаке и начал благодарить Господа от всего сердца, в этот момент для меня перестало существовать все остальное. Благодарение, любовь, признательность и трепет переполнили мое сердце. Какая же это честь — служить такому Богу!

Склоняясь в Его присутствии, я обливался слезами и рыдал, испытывая чистую любовь. Заглянуть в глубины Его сердца было самым выдающимся событием моей жизни.

Поскольку время в этом месте не измерялось, не знаю, сколько прошло часов или минут, возможно, дней или лет, но как только я закрыл глаза, тут же оказался в лодке, плывущей вперед по течению. Иисус сидел передо мной.

Я не мог представить, можно ли двинуться еще куда-то, кроме этого прекрасного места внутри Сердца Отца. Именно здесь, как мне казалось, я достиг конца путешествия и лишь возвращение в лодку и появление в ней Иисуса приоткрыли мои глаза на то, что впереди новые встречи.

Я чувствовал, как улыбается Святой Дух. Он сказал мне с толикой юмора: «Не пытайся всё обдумать и анализировать, нечаянно можешь окосеть». И сразу же продолжил: «Анализировать события, конечно, полезно, но пусть эта способность не мешает тебе принять настоящую действительность и поверить в нее».

Для себя же я решил, пусть мне сейчас не все, о чем говорил Бог, понятно, но в Свое время Он в полноте откроет мне значение сказанного.

Еще некоторое время мы плыли и, найдя место, чтобы причалить, поняли — пришло время отдохнуть. Мы въехали на песчаную косу, лодка проскользнула немного по песку и остановилась. Выбравшись из нее, нашли на берегу удобное место и легли там с Иисусом — спиной к спине. С улыбкой Иисус сказал: «Отдыхай до завтра».

Я переключился с воспоминаний о том, что произошло накануне на созерцание мирной тишины, и тут же погрузился в сон.

Много часов спустя я проснулся, хорошо отдохнув. Господь Иисус все еще был рядом. Глубоко зевнув и потянувшись, я улыбнулся и решил еще понежиться в мире и покое, который может дать только Господь.

Я взглянул на Иисуса. Он смотрел в облачное небо, я тоже посмотрел вверх и услышал Его слова: «У Меня есть еще один подарок для тебя. Он поможет тебе пройти предстоящий путь. Не вставай, Я должен тебе кое-что объяснить. Во-первых, Я научу тебя тому, как действует Наша Мудрость. Желание Духа Святого — открывать тебе все, что известно о Мудрости. Сын есть воплощение и Любовь Мудрости. Отец — источник всей Мудрости.

Если «мудрость», о которой тебе говорят, не имеет в себе единого сердца Отца, Сына и Святого Духа — это не та мудрость и, если она не открылась тебе посредством Любви, даже если она выглядит как Наша Мудрость — это не та мудрость, которая сходит свыше. В Иак. 3:17 сказано:

«Но мудрость, сходящая свыше, во-первых, чиста, потом мирна, скромна, послушлива, полна милосердия и добрых плодов, беспристрастна и нелицемерна».

Вот чему Я хочу тебя научить. В Иак. 3:18 сказано:

«Плод же правды в мире сеется у тех, которые хранят мир».

Важно, чтобы ты понимал, что плод правды, о котором Я сказал, это — не то же самое, что плод Святого Духа, описанный в Послании к Галатам. О плоде праведности, который Я имел в виду, говорится стихом выше. Она и есть Мудрость свыше. Если ты и дальше будешь жить пониманием, что во Мне ты Праведен, то Мудрость придет в твою жизнь и будет сеяться в тебя Миром. Ты также должен сеять Мудрость свыше в моих детей в состоянии Мира. Блаженны миротворцы, ибо они будут наречены сынами Божьими. Желаю, чтобы все Мои дети постоянно пребывали в праведной совести и начали познавать Меня».

Иисус ненадолго остановился подождать, чтобы я переосмыслил услышанное и продолжил: «Благодать и мир да пребудут с тобой в течение всего этого путешествия. А теперь можешь идти».

Господь исчез, а я встал и осмотрелся вокруг. Рядом были песчаные дюны высотой около десяти футов (3 м – прим. пер.), а поодаль росла трава. Подойдя ближе, я нашел песчаную тропу, ведущую между двух дюн прямо к траве. Тропа была ограждена бетонными стенами. Я пошел по ней и увидел приставленные к правой стене некие доспехи, похожие на нагрудную броню. Я осмотрел их и решил взять себе. Несмотря на массивность, они казались легче пуха

Изготовленная из золота отполированная броня выглядела несокрушимой. Спереди на ней была выгравирована надпись «Его Праведность».

Я надел доспехи, и они оказались мне впору. В этот момент, будто восхищенный их красотой, сзади подул нежный ветерок.

На этом этапе путешествия я уже понимал, что Господь может проявиться в любой мелочи, даже в веянии ветра. Я научился видеть и слушать Его в самых неожиданных моментах, потому что знал — так Господь обращается с нами чаще всего. Ветер продолжал дуть, я присел на траву и вслух спросил Его: «Да, Господи?»

Голос Святого Духа прозвучал в ответ мягко, как голос ребенка: «Я так тобой горжусь! Ты большой молодец, что решился пойти так далеко. Я люблю и ценю тебя!

Ты идешь к обширным лугам, которые называются Лугами Славы. Можешь понежиться в них и набраться сил. Твоя осведомленность сильно выросла, а с ее ростом выросла и слава, которую ты сейчас переживаешь.

Для входа сюда очень важно, чтобы сердце твое было чистым. Только ищущие правды и любящие правду смогут войти в эту славу.

Чистые сердцем любят правду и ищут ее».

Встав, я поблагодарил Господа за благодать, проявленную ко Мне. Еще не сделав ни одного шага навстречу Лугам, я уже ощущал их присутствие. Почувствовав на себе действие славы, я еще сильнее начал благодарить Господа за оказанную мне благодать, потому что все больше осознавал — насколько велико остается влияние на меня старой греховной природы. Нельзя делать вид, что ее не существует, заперев за стеной лживых представлений, и продолжать жить дальше в праведной совести.

Наоборот, для меня это значит понять, что среди всей порочности только дух твой праведен перед Господом и через это мы все сделались праведными в Нем (в англ. – праведностью Божьей ВО ХРИСТЕ - прим. пер.) . Такая праведность приходит только через спасение, она на все времена вменена нам через веру.

Я понял, что неотъемлемая часть моего нового образа жизни — начать отдавать Богу греховные поступки нашего ума, воли и эмоций, чтобы можно было войти в совершённое на кресте дело нашего освящения.

Открываясь Ему в наших ошибках, мы даем возможность Богу проводить несовершенные части нашей души через искупление. В результате этого ее части: ум, воля и эмоции больше не будут препятствовать проявлению истинного тебя в духе.

Когда исцеляется душа, совершенный Свет Христов в твоем совершенно праведном духе начнет наводнять даже те ее уголки, куда раньше до оказанной тебе благодати не мог попасть.

Готовность немедленно отдать все части своей души для конкретной работы благодати Божьей и есть праведность или жизнь во Свете, открывающем все ее несовершенства. Только Его присутствие и откровение от Бога производит наше истинное обновление и преображение.

Довольный, я вышел из бетонного желоба в огромное открытое пространство. Передо мной располагалась большая возвышенность высотой до ста футов (30 м – прим. пер.). Я знал, что на другой стороне расположены Луга Славы. Дыхание их с приближением к возвышенности сильнее колебало воздух, а звук становился тише, заполняя собой всю атмосферу.

Прямо перед ее вершиной я остановился в трепете. Здесь была уже полная тишина. Пение птиц, жужжание пчел, музыка — все это будто куда-то исчезло, совершенная тишина и мир, превосходящий разумение, заполнили собой все уголки пространства. Не оставляя желания разглядеть, что скрыто на обратной стороне вершины я, соблюдая полную тишину, опустился на колени и, стараясь двигаться максимально бесшумно, пополз по-пластунски.

Возвышенность, на которой я оказался, располагалась высоко над долинами, распростершимися в самом низу. Вглядываясь в долины и холмы подо мной, я увидел луга, которые покрывал Дух Святой и Слава Господня парила над ними. Внимательно разглядывая эту картину, я понял, почему Слава Господня покрывала их — это были поля подчинения. По всем просторам Лугов распределились целые моря лежащих ниц существ и созданий, которые поклонялись и восхищались Отцом. Тьма тем их в великом смирении перед Ним в полной тишине и подчинении расположились повсюду идеальными фракталами .

Пребывая в трепете от увиденного, я лег , закрыл глаза и понял, что так вижу гораздо лучше, чем с открытыми — теперь все происходящее здесь виделось с усиленной резкостью.

Иисус, стоящий передо мной, был одет в одежды Первосвященника. В руках Он держал венец, отличающийся от всех других, которые я когда-либо видел. Присмотревшись к венцу, я заметил, что он очень быстро меняется из одной формы в другую, а затем обратно преображается в первоначальную форму. Сначала это был Венец Славы, затем Терновый, потом снова Венец Славы и этот процесс постоянно повторялся.

Посмотрев на меня с благосклонностью и милостью, Иисус сказал: «Это — венец Славы и Венец Страдания. Он представляет собой оба венца одновременно, и Я избрал многих носить его. В твоей жизни со Мной ты многократно будешь отвергнут людьми. Каждый раз, когда это будет происходить, помни — это знак того, что ты избран. Когда тебя отвергают, когда ты страдаешь ради Евангелия, на твоей голове появится венец Славы и ты поистине начнешь понимать, что такое повиновение.

Еще ты призван быть священником, приносящим святые жертвы Отцу.

Я был отвергнут всеми, даже ближайшими учениками, но несмотря на всю силу отвержения, Я был вознесен на Небеса.

Если будешь носить этот венец с отношением, которое видишь во Мне, постоянно приближаясь к присутствию Святого Духа, ты станешь живым камнем. Живые камни становятся таковыми тогда, когда Святой Дух наполняет их жизнью. Это наполнение приходит после пребывания в присутствии Господнем и созерцании Меня. Тогда ты не только изменишься, но и вырастешь, чтобы нести в себе присутствие большего чем сейчас уровня. Твоя жизнь со Мной достигнет больших высот и твое зрение станет яснее, когда ты станешь живым камнем, соединенным с Краеугольным Камнем (со Мной). Ты увидишь, как созидаешься в «дом духовный», и сердце твое наполнится благодарностью.

Теперь ты должен понять слова из 1 Пет. 2:4-6: *«Приступая к Нему, камню живому, человеками отверженному, но Богом избранному, драгоценному, и сами, как живые камни, устрояйте из себя дом духовный, священство святое, чтобы приносить духовные жертвы, благоприятные Богу Иисусом Христом. Ибо сказано в Писании: «вот, Я полагаю в Сионе камень краеугольный, избранный, драгоценный; и верующий в Него не постыдится».*

Я открыл глаза, но Иисус не исчез, картина предо мной оставалась прежней. С закрытыми глазами она была даже четче. Заинтригованный этим, я закрыл глаза, и она вновь стала совершенной.

Улыбаясь, я все же открыл глаза. Иисус стоял предо мной, и тоже улыбался в ответ. Поманив меня рукой, Он сказал: «Пойдем, Я покажу тебе мост».

Какое-то время я еще стоял перед Иисусом на коленях. Наконец встал и, выпрямившись, пошел за Ним по Лугам Славы. Аромат, идущий от них, был приятен моему обонянию, все мое существо впитывало его.

Я был удивлен тем, что духовная жертва смиренного и сокрушенного сердца источает точно такой же аромат, как и эти Луга.

Обувь

Глава 11

«Обувь»

Вдалеке я увидел знак, к которому уже подходил однажды. Иисус стоял рядом и внимательно смотрел на него. На знаке были стрелки, указывающие направление к Колодцу, Долине Царей, Лесу и к другим местам. В этот раз я точно знал, куда мне нужно идти.

В противоположном от леса направлении была надпись «Мост». Я посмотрел на знак, а потом еще раз на Иисуса. Его лицо выглядело мирным, но решительным. Я сказал: «Хорошо, идем к мосту». Иисус улыбнулся.

Святой Дух отозвался: «Великолепно!»

Всеведущего почти невозможно чем-то удивить. Улыбаясь, мы поспешили вперед к мосту.

По дороге Иисус начал разговор: «К твоему сведению, Я намеренно скрыл от мудрых и разумных многое из того, что ты видел. А еще знай, что Я уже многое начал открывать тем, кто обладает верой ребенка. Ключ к росту и входу в этот самый мир отношений — детская вера. Именно она действует любовью».

Я посмотрел вперед и увидел человека, шагающего в нашу сторону. Похоже, он часто ходил этой дорогой. Одет он был по моде начала прошлого века. Я обратил внимание на его забавные усы. По его виду было понятно, что он никуда не торопится и, приближаясь к нам, казалось, не собирается останавливаться, думая о каких-то важных делах.

Однако когда между нами оставалось футов пятнадцать (4,57 м – прим. пер), он заговорил: «День добрый. Иисус однажды превратил воду в вино, а я превратил некое вещество в бензин — только веруй!»

Человек прошел мимо и растворился в небытии. Иисус улыбнулся и сказал мне, указывая на него: «Это тот, кто понимает, что такое детская вера».

Я пошел впереди Иисуса по дороге, ведущей к мосту. Вдруг перед нами оказался пень, на котором стояла пара обуви. Высотой он был около двух с половиной футов (76 см – прим. пер.) и четыре фута

(1,22 м – прим. пер.) в диаметре. Его корни виднелись повсюду — то пропадая, то появляясь из земли.

Обувь была не совсем та, что я ожидал увидеть. Эта была пара обуви белого цвета незамысловатого фасона, напоминающая стандартные кроссовки с супинаторами.

Я посмотрел на Иисуса и озадаченно спросил: «Я ожидал, что на них будет хотя бы что-то написано, или я получу здесь откровение о Мире».

Кротко улыбнувшись, Он ответил: «Откровение содержится не в самой обуви. Обувь — это всего лишь вещь. Откровение придет тогда, когда ты постоянно начнешь использовать обувь, носить ее день и ночь. Обувайся утром, когда встаешь, а еще лучше вечером, когда ложишься. Если в какой-то момент обуви не окажется на ногах — остановись немедленно и обуйся.

Вспомни, откровение об обуви ты уже получил на Реке, когда мы говорили с тобой о Мире Божьем. Доверяй Мне, и Я управлю всем. Твоя же задача — передать Мне бразды правления».

Я опустил взгляд и увидел, что уже обут. И все же эту пару обуви я решил вернуть тому, кто оставил ее здесь.

За пнем виднелись три тропы, перед которыми стоял знак с надписью «И пребудут сии три». Левая тропа была с указателем «Вера», центральная — «Надежда», а правая — «Любовь».

Первая мысль, возникшая у меня — выбор, который сейчас придется делать, будет гораздо проще того, что был сделан в Лесу». Я посмотрел на Иисуса и попросил Его объяснить, куда мы пойдем дальше.

«Смотри», — сказал Он.

Я посмотрел, окинув взглядом три тропы — Вера, Надежда и Любовь. Проследив за их направлением, я обнаружил, что масштаб картины меняется. Это позволило мне разглядеть, как вдалеке три тропы сходятся в одну. В месте соединения в единый путь я увидел, что все дальнейшее его продвижение будто выложено положительными ожиданиями и благодарениями.

Иисус посмотрел на меня и сказал: «Чем больше ты живешь в Моей благодати и позволяешь Мне преобразить тебя, тем быстрее эти три тропы в твоей жизни начнут объединяться в единую — когда это произойдет, настанет «совершенное». Все чаще твое «совершенное» станет являться через тебя миру, и тогда ты уже не будешь видеть картину происходящего отчасти, но увидишь всю ее полноту.

Когда фальшивые доспехи, которые ты взял с Дерева Познания Добра и Зла спадут с тебя, именно тогда Всеоружие Света начнет защищать тебя в полной мере.

В этом путешествии тебе были открыты все составляющие Всеоружия — от первой до последней. Все его части, в том числе щит символизируют Свет откровения, который защищает тебя от тьмы. В Рим. 13:12 сказано:

«Ночь прошла, а день приблизился: итак, отвергнем дела тьмы и облечёмся в оружия света».

Настоящее Мое Всеоружие сделано из Света. Составляющих его много, но величайшая из них — Любовь. Свет, исходящий от Меня — совершенное Всеоружие. Он представляет собой любовь чистейшей белизны.

Цвет благодарения темно-красный. Есть еще множество цветов, но пока Я не буду говорить о них. Ты увидишь также Свет Надежды и Свет Веры. У всего есть свой свет, но Любовь светит ярче остальных. Берегись и не перепутай темный грязный свет с добрым чистым светом. Да не будет свет твой тьмою!»

Я все еще вглядывался в то место, где три тропы соединялись в одну, пытаясь разглядеть, что же находится за ее пределами, и увидел мост.

Иисус продолжил говорить: «Совершенное» начнет происходить тогда, когда твой ум и мысли станут соответствовать Уму Христову. Ты преобразуешь свой ум так, что между твоим и Умом Христовым исчезнет всякое разделение. Тебе уже дарован Ум Христов! Когда ты дойдешь до состояния совершенного взаимодействия с Духом и когда не будет препятствий между твоим умом и Умом Христовым, ты сможешь жить так, как живу Я. Тебе откроется мир более великих дел, и тогда Сыны Божьи поистине явят себя миру».

Вдруг Он заговорил строгим голосом: «Будь тверд и мужествен, не бойся ничего, что придет на эту землю. Дух Святой наставит тебя.

Я — Лев, и Я — Агнец. Лев — это покоритель, а Агнец — тот, кто примет власть, честь, славу, благословение, мудрость и силу».

Вся наша дорога с Господом была славной, идти с Ним было просто и хорошо. Тропа будто дышала ожиданием Бога и благодарностью всего творения, которые увеличивали скорость нашего продвижения. Мы с Иисусом, переполненные этими ощущениями внутри и снаружи, были настолько захвачены благодарностью Отцу, что она на скорости вынесла нас прямо по направлению к мосту. Однако мы без труда сумели остановиться возле него.

Иисус сказал: «Каждый раз во время путешествия по этим тропам, когда ты останавливаешься или чувствуешь, что нужно остановиться, знай, что именно здесь произойдет важная встреча, назначенная тебе Богом.

Будь чутким!

А сейчас взгляни на мост. Это — Мост силы».

Иисус исчез, но снова появился на другой стороне моста. Он знал, о чем я думаю, и сказал мне кротко: «Я просто уже перешел этот мост, теперь твоя очередь».

Мост казался изношенным несмотря на то, что был сделан из прочного материала темного красного дерева, и его конструкцию с каждой стороны все еще крепко поддерживали перила.

Взобраться на мост можно было по трем ступеням. Мы поднялись по ним, и перед нами открылся совсем непривычный вид: дощатый настил моста, где каждая доска представляла собой некую водную субстанцию, отображал разные сюжеты.

С улыбкой Иисус сказал мне: «Это слезы, ступай на мост и всматривайся в них».

Когда я встал на мост, то сразу же ощутил, что все откровения, полученные в моем путешествии со Всеоружием и само Оно будто впитались в мое существо и стали частью меня. Теперь не было надобности носить его на себе.

Здесь я начал видеть цвета, исходящие прямо из меня, и понял, что только что узнал о совершенно новом проявлении духовной реальности, само же Всеоружие, которое я собирал до этого, было ее физическим прообразом.

С каждым шагом по «Мосту слез» я наблюдал сцены, описанные в Библии. На одной из досок я увидел Моисея в пустыне, рыдающего от трудностей. В двух других следующие эпизоды:

- Иисуса, молящегося в Гефсиманском Саду,

- Его избиение в момент перед самым распятием.

Далее я увидел сюжет с Иоанном — любимым учеником Иисуса, плачущим в темнице. Пройдя дальше — избиение Павла.

Продвигаясь вперед, я видел самые трудные моменты в жизни каждого человека — мужчин и женщин, глубоко осмысливая их до мельчайших подробностей.

Во всех без исключения сценах проливалось много-много слез. Плач был СИЛЬНЕЙШИЙ! Люди проходили невыносимо сложные этапы своей жизни. В сценах рыданий каждый из них, казалось, достигал пределов человеческих возможностей. Кто-то еще до наступления пика трудностей сам решал положить предел слезам испытаний, другие же продолжали ждать, взывая к Богу, пока не закончатся последние силы.

А потом наступал тот самый момент, когда человек все же подчинялся Богу, ожидая Его в умиротворенной тишине. И только после того, как он входил в тайное место Всевышнего, двигался далее уже в полном повиновении...

Я понимал, что именно в такой момент человек переходил от силы в силу, и то, как эта сила поддерживалась постоянным общением с Богом.

Наконец, я дошел до края моста и услышал, как Иисус обратился ко мне: «То, что ты сейчас понял, называется Сокровищем Тишины. Достигнув тишины в присутствии Отца, ты начинаешь учиться у Него Самого».

Со слезами на глазах я поблагодарил Его, а он ответил: «В Пс.83 написано:

«Блажен человек, которого сила в Тебе и у которого в сердце стези направлены к Тебе.

Проходя долиною плача, они открывают в ней источники, и дождь покрывает её благословением;

приходят от силы в силу, являются пред Богом на Сионе.

Господи, Боже сил! Услышь молитву мою, внемли, Боже Иаковлев! [пауза для безмолвного размышления об этом]

Боже, защитник наш! Приникни и призри на лицо помазанника Твоего.

Ибо один день во дворах Твоих лучше тысячи. Желаю лучше быть у порога в доме Божием, нежели жить в шатрах нечестия.

Ибо Господь Бог есть солнце и щит, Господь даёт благодать и славу; ходящих в непорочности Он не лишает благ. Господи сил! Блажен человек, уповающий на Тебя!»

Иисус снова сделал паузу и протянул мне руку. Я схватился за нее, и мы тут же оказались на Небесах перед горой Сион.

Ее вид внушал ужас. Гора была окружена темными облаками, повсюду разносилось эхо молний и громов. Иисус посмотрел на меня и позвал пойти прямо к горе.

Он продолжил: «Народ Мой толкует многие места Писания метафорически. Если сказано, что, переходя от силы в силу, ты явишься пред Богом на Сионе — это так и есть. Помни это! Ты во Мне и Я в тебе. Когда посмотришь глазами Мудрости и Любви, поймешь, что глубочайшее желание Отца — открыть Себя тебе ».

Мы еще немного прошли и вместе посмотрели на гору. Вокруг темного облака парили орлы, восклицающие: «Свят, свят, свят!»

Иисус взглянул на меня с улыбкой и сказал: «Я тебе уже говорил, что тайное место Всевышнего находится внутри темного облака. Нужно пройти его, чтобы увидеть Отца.

Бывает, Он выходит Сам и посещает человека в Эдеме. Но если человек захочет узнать это тайное место, ему придется пройти через облако.

Ты готов? Оно не настолько густое и плотное, как тебе кажется, но все равно — приготовься!»

Слово «ужас» - слишком слабое, чтобы передать мои чувства. Быть в присутствии Того, кто могущественнее тебя и познать Его как Судью — это состояние можно описать только словами «великий ужас».

Я подходил к облаку и спрашивал себя в тысячный раз: стоит ли это делать вообще? Выживу ли я? Может ли Он разгневаться на меня? Насколько сильно?

И все-таки, подумав, я решил пойти навстречу не медленным шагом, а преодолеть все расстояние одним прыжком, чтобы не затягивать мучения. Несмотря на страх, как я понял позже, это был самый разумный вариант. Тут же я прыгнул в направлении темного облака.

Оказавшись внутри него, мое сердце будто остановилось (если вообще такое возможно там, где времени нет) и я ощутил, как облако проникло прямо в мое сердце — вот чего я точно не ожидал!

В тот момент я почувствовал как Кто-то превосходящий меня держит Свои руки одновременно внутри меня и на мне и пугающее ощущение возникло от того, что и при этом ничего нельзя изменить. Свирепо и агрессивно Он делал Свое дело. И то, что Он делал, было весьма хорошо!

Отец уничтожил внутри моего сердца все заблуждения, взгляды и заключения относительно Его настоящей природы, утверждая факт, что Бог во всем абсолютно Благ. Наконец-то все искажения были удалены из моей души!

Я чувствовал такую боль, что не описать словами. Как оказалось, я настолько прирос ко всей этой лжи, что теперь ощущал полноту счастья в том, что на самом деле узнал своего Папу.

Он уже ждал меня на другой стороне облака, куда я наконец-то приземлился. Меня ждал мой Отец! Мой Папа!

По внешнему образу Он напоминал человека со Своими отличительными чертами, но Весь состоял из чистого Света, отражающего чистейшие мотивы и святейшие намерения. Он не просто светился. Он Сам был Светом. Я склонил свою голову. Он тихо приблизился и обнял меня. Он будто держал мое сердце в руках, все ближе притягивая меня к Себе.

Отец задал мне вопрос: «Джозеф, куда ты хочешь пойти?» Мое сердце таяло от того, что Он затронул глубочайшее его желание — увидеть Отца и отправиться вместе с Ним в путешествие. Он буквально втянул меня в Себя.

Погруженный в Него, я взглянул на то, что было снаружи и увидел одновременно всё творение и каждого человека в отдельности. Я видел все пути, которые можно было выбрать и понимал их совершенно. Каждый человек и все творение в прошлом, настоящем и будущем располагали полнотой выбора путей с разными вариантами. Я также увидел все предлагаемые людям решения — те, которые предстоит им принять, и те, которые были приняты. Независимо от принятых людьми решений я оставался способным любить их всех.

Также я увидел все пути вместе и отдельно, по которым предстоит пройти каждому человеку, и которые будут пройдены. Я моментально знал и видел, как любое даже небольшое решение, принятое ими, оказывает влияние на все окружение, в том числе и на все творение.

Я видел, в каком направлении движется творение, слышал стенание земли, какие события произойдут прежде, чем Сыны Божьи воскликнут от явления славы Божьей. Я знал обо всех событиях: от величайших катаклизмов до мельчайших решений человека. Довольно сложно было бы описать словами все увиденное.

От восхищения я долго не мог прийти в себя. Чувствуя себя мальчишкой, который только что понял, что у него есть любящий Папа, я собрался с силами и ответил: «С Тобой!»

И увидел, как Отец плачет. Это коснулось Его сердца.

Слова благодарности

Хотелось бы выразить почтение дорогим моему сердцу людям. Их несколько.

Спасибо моему другу Району Барнсу. Благодаря его уникальным способностям извлекать подробности пророчества и прояснять каждую ситуацию эта книга преобразилась и стала абсолютно другой. Важнейшую роль в рождении этой книги сыграли также его организаторские таланты и умение задавать правильные вопросы. Спасибо, дорогой друг!

Также я хотел бы поблагодарить команду графических дизайнеров за их неустанную работу над моей книгой — честь вам и хвала!

И наконец, я хотел бы сказать большое спасибо Крису Блэкеби.

С его появлением в моей жизни все испытания внутренним одиночеством в стараниях над книгой ушли прочь. Ты — величайший источник воодушевления, каких у меня никогда не было в этой сфере жизни! Меня всегда вдохновляет твоя вера! Вместе с тобой пройти все приключения, по которым вел Бог — большая радость для меня! С нетерпением жду новых! Твоя жизнь — подлинное свидетельство благости Бога, полного преображения, зрелого сыновства, победы над смертью всех поколений.

Об авторе

Джозеф Стерджен живет и трудится в штате Алабама. Он обожает проводить время на небесах и вести записи об этих переживаниях.

Помимо всего прочего он любит бывать на природе, участвует в жизни мира бизнеса и путешествует с друзьями.

Дополнительные материалы находятся на вебсайте: www.revelation-revealed.net

Компания Seraph Creative – это группа художников, писателей, богословов и иллюстраторов, работа которых нацелена на взращивание Тела Христова в меру полного возраста, для вступления в наследство Сынов Божьих на Земле.

Для доступа к другим качественным изданиям, посетите наш вебсайт:

www.seraphcreative.org

www.ingramcontent.com/pod-product-compliance
Lightning Source LLC
Chambersburg PA
CBHW051217120626
46547CB00013B/1397